LE BATAILLON
DE PROVINS

A LA MÉMOIRE

DE NOS CHERS MORTS DU BATAILLON DE PROVINS

CET OUVRAGE EST DÉDIÉ

M. C.

Il a été tiré de cet ouvrage un certain nombre d'exemplaires sur papier teinté avec titre imprimé en rouge. Prix. 5 50

DU MÊME AUTEUR :

MA PREMIÈRE GERBE, poésies d'un paysan, 1 volume in-18 (1867)........................ *Épuisé*.
PETITES PAGES POÉTIQUES, 1 vol. in-18 (1868). 2 »
Le même ouvrage, papier de Hollande...... 3 50
MARGUERITE LANDRY (1814), épisode de l'invasion, drame en un acte, en vers (1869).......... 1 »

Il ne reste des PETITES PAGES *et de* MARGUERITE LANDRY *qu'un très-petit nombre d'exemplaires.*

POUR PARAÎTRE :

POÉSIES NOUVELLES, un volume. — DRAMES et COMÉDIES, un volume. — CONFÉRENCES LITTÉRAIRES, un volume. — PREMIÈRES POÉSIES (*Ma Première Gerbe* et *Petites Pages Poétiques*) édition revue et corrigée, un volume.

COULOMMIERS. — Typog. A. MOUSSIN

LE BATAILLON
DE PROVINS

(SIÉGE DE PARIS 1870-1871)

RÉCIT D'UN GARDE MOBILE

PAR

MÉDÉRIC CHAROT

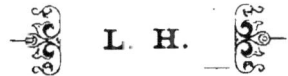 L. H.

PROVINS
LE HÉRICHÉ, LIBRAIRE-ÉDITEUR

LEBEAU, LIBRAIRE

PARIS
C. VANIER, LIBRAIRE

1, RUE DU PONT-DE-LODI, 1

—

M.D.CCC.LXXII

Les astérisques indiquent des notes placées à la fin du volume.

LE BATAILLON
DE PROVINS

i

En racontant les faits et gestes du bataillon de Provins, nous n'avons pas la prétention d'écrire un livre *. Ce que l'on nous demande, c'est quelque chose qui tienne à la fois du récit et du compte-rendu. Ce compte-rendu, ce récit, nous allons essayer de le faire avec la simplicité qui sied à un simple garde mobile. Dieu veuille que nous menions à bonne fin notre tâche, et puisse notre petit travail rencontrer l'indulgence de tous !

* Note 1.

C'est dans les premiers jours du mois de juillet 1870 que se répandit dans toute la France le bruit d'une guerre avec la Prusse. La candidature du prince de Hohenzollern au trône d'Espagne était la cause ou le prétexte de ce conflit. La candidature fut retirée, mais il paraît que le malentendu subsista. Le 15 juillet, malgré M. Thiers, malgré Jules Favre et ses collègues de la gauche du Corps Législatif, la guerre était déclarée. Par suite de cette déclaration, les soldats de la réserve étaient rappelés immédiatement sous les armes, et la mise en activité de la garde mobile décidée et votée par le Corps Législatif.

Tout le monde savait, depuis 1868, qu'il existait une garde mobile, et comment elle était composée. Tout le monde savait aussi qu'au besoin cette garde mobile, dont les principaux officiers étaient déjà nommés, constituerait une seconde, une véritable armée à côté de l'armée régulière. Mais, à la date de la déclaration de la guerre, cette seconde, cette véritable armée n'existait malheureusement pas autrement que sur le papier. Il fallait la faire sortir des registres de contrôle. On avait les noms, il fallait les hommes.

Le maréchal Lebœuf, en dépit de son peu de sympathie pour l'institution de la garde mobile, dût régler sa conduite sur la loi votée par le Corps Législatif. Ordres et circulaires furent adressés à tous les commandants pour les inviter à lever et organiser leurs bataillons dans un assez bref delai. Nous n'avons pas besoin d'ajouter que ces officiers, anciens militaires pour la plupart et tous serviteurs dévoués du pays, s'empressèrent d'obéir aux instructions qui leur étaient données.

Dans notre département de Seine-et-Marne, les chefs de bataillon bien secondés d'ailleurs par leurs officiers, rivalisèrent, comme on dit, de zèle et d'ardeur, et ce zèle et cette ardeur augmentèrent encore quand, après les terribles malheurs de Wissembourg et de Reischoffen, il devint, hélas! évident pour quiconque voulait réfléchir, que la situation était grave, très-grave, et que l'envahissement de l'Alsace et de la Lorraine par les troupes ennemies constituait pour la France entière un véritable danger.

Le département de Seine-et-Marne, en raison du nombre des jeunes gens inscrits sur les contrôles de la garde mobile, avait à fournir à la défense du sol national quatre bataillons.

Le premier de ces bataillons était formé des jeunes gens de l'arrondissement de Fontainebleau ;

Le deuxième, de ceux de l'arrondissement de Meaux.

Le troisième réunissait les jeunes gens de l'arrondissement de Melun et ceux de deux cantons de l'arrondissement de Coulommiers : les cantons de Coulommiers et de Rozoy.

Les jeunes gens des deux autres cantons de l'arrondissement de Coulommiers : La Ferté-Gaucher et Rebais, joints à ceux de l'arrondissement de Provins, composaient le quatrième et dernier bataillon, celui dont nous avons à nous occuper spécialement ici.

Par un ordre en date du 24 juillet, M. E. Roussel de Courcy, commandant du 4ᵉ bataillon de la garde mobile de Seine-et-Marne, invitait les capitaines de compagnie à lui désigner, sur un simple examen des registres de contrôle de leurs cantons respectifs, les jeunes gens supposés capables de remplir dignement les grades de sous-officiers et de caporaux.

Nous n'avons pas à discuter ce mode de nomination; mais nous nous hâtons de constater que les choix faits par les capitaines furent généralement excellents.

Le commandant avait d'ailleurs prévu le cas où quelqu'un de ces gardes mobiles improvisés caporaux ou sergents n'aurait ni les aptitudes ni les qualités nécessaires pour s'acquitter de ses fonctions, et il était bien entendu que, caporal ou sergent, tout sous-officier incapable serait immédiatement remplacé.

A peine les sergents et les caporaux étaient-ils nommés qu'ils furent appelés à Provins. Ils y trouvèrent leurs officiers arrivés de la veille.

Anciens soldats ou conscrits : capitaines, lieutenants et sous-lieutenants se hâtaient plus ou moins d'acquérir ou de reconquérir les éléments d'une bonne instruction militaire, instruction indispensable et qui, cependant, manquait à beaucoup d'entre eux. Des leçons étaient faites par les capitaines Havard et Guillebaud sous la direction de M. de Courcy. Jamais meilleures leçons ne furent données par de meilleurs maîtres. Nos capitaines qui presque tous avaient passé par l'armée reprenaient goût à la théorie. Tout joyeux de retrouver des choses de connaissance : les mots de commandement, les mouvements, les exercices et les manœuvres qui leur avaient été si familiers autrefois, ils se plaisaient à rajeunir un arsenal de vieux souvenirs avec un peu d'étude nouvelle. Quant aux lieutenants et sous-lieutenants, fils de famille qui pour la plupart connaissaient tout au plus la vie de soldat par le 101ᵉ *Régiment* de Noriac, ils apportaient à leurs études, les uns une certaine ardeur, les autres une certaine attention, pensant peut-être, avec raison, qu'un peu de science militaires leur rendrait plus commodes à porter de beaux galons d'or trop aisément gagnés.

Dès cette époque, le commandant put se réjouir à la pensée d'être bravement secondé dans sa tâche. En ce temps d'études et d'exercices, les officiers s'occupaient, et plusieurs avec un véritable zèle, de la levée et de l'organisation du bataillon, de ce bataillon de paysans dont M. de Courcy, l'ancien chasseur d'Afrique, le soldat par excellence, rêvait déjà de faire un vrai bataillon de soldats.

Seulement, pour transformer en un bataillon solide cette foule de jeunes gens qu'on allait voir arriver prochainement, il fallait encore à côté, au-dessous des capitaines, des lieutenants et des sous-lieutenants, de bons sergents et de bons caporaux. Les gardes mobiles désignés pour ces emplois étaient-ils assez instruits, assez actifs et assez intelligents ? C'était ce qu'il fallait savoir, et ce que l'on sut bientôt.

A leur arrivée dans la bonne vieille capitale de la Brie, les sous-officiers et caporaux se rendirent à la caserne où ils furent logés, et les études et les exercices commencèrent aussi pour eux. M. Vuaroqueau, sous-lieutenant de la compagnie de Provins, chargé de présider à ces études et à ces exercices, n'eut qu'à se féliciter de ses élèves. Au bout de quelques jours, les nouveaux-venus connaissaient assez bien le maniement du fusil et l'école de peloton pour enseigner eux-mêmes ce qu'ils avaient si promptement appris.

C'est alors que les simples gardes mobiles arrivèrent. Les feuilles de route avaient été lancées dans toutes les directions et l'on accourait. Bientôt la caserne fut pleine. Du 10 au 15 août, plus de douze cents jeunes gens : ouvriers ou clercs de notaire, étudiants ou laboureurs, fils de commerçants ou fils de fermiers, avaient franchi la porte, la fameuse

Le Bataillon de Provins

porte aux grilles de fer qui séparait la garde mobile de la vie civile et de la liberté. Chambrées complètes et le quart du bataillon aurait couché dehors, sous les étoiles, si le commandant, connaissant les vertus hospitalières des Provinois, n'avait eu l'idée de demander des billets de logement à l'administration municipale qui s'empressa gracieusement de les accorder.

« Ça marche, la mobile ! ça marche ! » disait-on dans la ville.

Et cela marchait en effet. Grâce à l'énergie de M. de Courcy, grâce à l'activité de certains officiers, grâce à la patience des sergents et des caporaux, grâce à la bonne volonté des simples gardes, le bataillon s'organisait promptement, les exercices se faisaient bien et les progrès étaient rapides.

Il y avait, chose excellente ! émulation partout : émulation entre les compagnies, entre les instructeurs, entre les soldats.

Un garde mobile fraîchement débarqué se montrait-il intelligent et docile ? Savait-il marcher au pas, comprendre les conversions et se bien mettre à l'alignement ? Vite, un fusil à cet homme ! un de ces bons gros fusils à tabatière qui seraient des armes merveilleuses, si depuis Mentana le *chassepot* n'avait accaparé le privilége de faire des merveilles. Le garde mobile était content, fier, heureux, récompensé ; il avait un fusil, il était soldat.

C'est ainsi que dans l'espace d'une semaine plus des trois quarts du bataillon furent armés.

Une grande activité régnait dans la caserne. Dès cinq heures du matin, les clairons sonnaient le réveil. Les gardes mobiles logés en ville accouraient à la hâte pour répondre à l'appel. A sept heures commençaient les exercices, et le bataillon devait se trouver, rangé par compagnies, dans la grande cour du quartier.

Ici, nous demanderons à nos lecteurs la permission d'ouvrir une parenthèse.

Chaque compagnie était formée des jeunes gens d'un même canton ; mais, comme plusieurs cantons avaient fourni un bien plus grand nombre de jeunes gens que les autres, le commandant fit verser dans les compagnies les moins nombreuses une certaine quantité de jeunes gens pris aux compagnies qui en comptaient le plus. On forma même de cette manière une huitième compagnie dont le commandement fut remis au capitaine Monin.

Les autres compagnies étaient commandées ainsi qu'il suit :

La 1re, canton de la Ferté-Gaucher, avait pour capitaine M. Michelon ;

La 2e, canton de Rebais, M. Lanciaux ;

La 3e, canton de Bray-sur-Seine, M. Perrin ;

La 4e, canton de Donnemarie, M. Havard ;

La 5e, canton de Nangis, M. Guillebaud ;

La 6e, canton de Provins, M. Arnoul ;

La 7e, canton de Villiers-Saint-Georges, M. Dubern.

Cette explication étant donnée, nous fermerons la parenthèse et reviendrons à nos gardes mobiles que nous avons laissés à sept heures du matin, l'arme au pied, attendant le signal des exercices.

Deux ou trois compagnies demeuraient dans la cour à faire l'école de peloton sous les rayons du soleil qui montait. Les autres, tambours et clairons en tête, s'en allaient sur les promenades, à l'ombre des grands arbres, où de nombreux curieux, bravant la poussière, s'amusaient à les regarder. A la caserne comme sur les promenades on travaillait bien. Chaque sergent, chaque caporal avait son peloton à commander. C'étaient des *Par file à gauche!* des *Par le flanc droit!* des *Charge en cinq temps!* Un seul commandement ne revenait pas assez souvent au gré des paresseux, — il y en avait, il y en a toujours — c'était celui de : *En place, repos!*

Vers neuf heures et demie, les clairons rappelaient les compagnies, et bientôt le bataillon se retrouvait tout entier dans la grande cour de la caserne. Parfois, le commandant faisait former le cercle, et de sa voix un peu rude, un peu sévère, il nous adressait quelques bonnes paroles pour nous encourager. Le commandant n'était certes pas un rhéteur, mais il avait l'éloquence du soldat, il savait entretenir en nous tous, gardes mobiles, la pensée de servir notre pays ; et nous aimions à l'entendre.

La harangue terminée, les capitaines commandaient l'alignement, les clairons et les tambours sonnaient la breloque, les rangs étaient rompus, et chacun s'empressait d'aller placer son fusil au râtelier, sachant que l'heure de la soupe était arrivée et se sentant grand appétit.

Alors les clairons pouvaient sonner à l'adjudant, au sergent-major, au sergent-fourrier, au simple sergent, au caporal, aucun des gardes mobiles n'y faisait attention. On n'avait à se préoccuper de rien jusqu'à midi. On pouvait déjeûner tranquillement, fumer sa pipe, nettoyer son fusil et bavarder tout à son aise, si l'on ne préférait dormir un somme au milieu du tapage pour se reposer un peu. Mais à midi, la voix du clairon retentissant dans les cours venait couper les conversations et réveiller les dormeurs.

L'après-dînée se passait comme la matinée. Seulement, les compagnies qui le matin avaient eu le plaisir de s'en aller sur les promenades, demeuraient le soir à la caserne, et réciproquement.

Au premier coup de cinq heures, liberté! Les grilles, les fameuses grilles s'ouvraient, et la garde mobile se répandait, un peu trop bruyante, dans la ville paisible.

Mais à neuf heures, la retraite se faisait entendre :

Allons, troupier,
Faut rentrer au quartier.

Et les chansons se taisaient dans les rues, et la charmante cité pouvait se réjouir du calme qui revenait et qui ne devait plus être troublé que le lendemain.

Cependant, les événements marchaient. On était au 25 août. Depuis trois semaines, chaque jour apportait à la France un nouveau malheur. Au lendemain de Vissembourg et de Reischoffen, on avait appris l'investissement de Strasbourg, l'occupation de Nancy, le combat de Saint-Privat, la bataille de Gravelotte. A Gravelotte, disait le *Journal officiel*, nous avons eu l'avantage mais nos pertes sont grandes. On avait aussi parlé d'un combat de Rezonville aux environs de Metz. On savait que les forteresses de l'Est, Strasbourg, Toul, Phalsbourg et Bitche, assiégées et bombardées, résistaient héroïquement, aimant mieux tomber mortes que de capituler*. On savait que la ville de Verdun avait déjà repoussé victorieusement deux attaques dirigées contre elle. Mais de l'armée du Rhin, de cette grande armée partie au bruit des acclamations, les nouvelles arrivaient maintenant rares et brèves. On s'inquiétait. On sentait qu'il y avait là, prêt à se produire, dans ce coin de la carte, au nord-est de la France, quelque chose de formidable et d'inconnu, la délivrance ou la catastrophe, c'est-à-dire la gloire ou la honte, le calme ou les aventures. Qu'allait-il advenir? La France avait

* Note II.

là de braves soldats, peut-être même d'habiles généraux, mais la volonté maladroite d'un seul homme qui dominait tout, qui commandait tout, pouvait tout compromettre et tout perdre. Voilà ce que dans notre pays quelques personnes avaient pensé dès le début de la campagne, et ce qu'à cette date du 25 août, beaucoup d'autres, sans distinction d'opinions, commençaient à penser aussi. Et tout le monde était triste, tout le monde maudissait cette guerre sottement et criminellement engagée, qui nous avait déjà valu tant de désastres, et qui semblait nous en réserver encore de plus terribles dans l'avenir.

En attendant, nous assistions, hélas! aux progrès de l'ennemi. Déjà, les départements de la Haute-Marne et de la Marne étaient envahis; les Prussiens étaient à Châlons; des détachements de cavalerie allemande occupaient Doulevant et Saint-Remy, dans l'Aube. Bientôt Seine-et-Marne serait menacé. Que ferait-on alors? Certes, on n'attendrait pas l'ennemi les bras croisés. Emploierait-on la garde mobile pour le repousser? Nous n'en savions rien; mais ce que nous savions bien, c'est que dans le bataillon de Provins, arrivât l'heure de la lutte, les soldats comme les chefs seraient prêts à combattre. Nous étions mal vêtus, mal équipés, c'est vrai ; nous n'avions pas encore fait de grandes manœuvres, c'est vrai ; mais qu'importe? On est assez bien vêtu quand on a du courage, et l'on est toujours fort quand on défend son pays.

Nous nous disions ces choses entre mobiles, naïvement, n'ayant jamais vu de guerre, et nous regardant piteusement les uns les autres dans notre uniforme disgracieux.

Car nous avions maintenant un uniforme, tout aussi bien que nos caporaux et nos sergents qui se carraient dans leurs belles et bonnes tuniques de drap. Seulement notre costume n'était pas joli, pas joli du tout ; et ça nous ennuyait, mais souvent aussi, ça nous faisait rire.

Quelques jours auparavant, une grande distribution de vêtements avait eu lieu. Chaque garde mobile avait reçu : d'abord, une paire de guêtres et une ceinture de flanelle dues à la générosité toujours en éveil de M. le comte Greffulhe, puis, une blouse et un képi dus à la générosité du gouvernement. La blouse était de grosse toile bleue avec un bout de galon rouge sur l'épaule. Le képi était de drap noir avec une bordure rouge et des ganses rouges.

Le soir, quand les gardes mobiles sortaient de la caserne, les femmes, debout sur la porte de leurs boutiques, avaient un petit sourire moqueur en les regardant passer. On s'en consolait en se rappelant les fiers soldats de quatre-vingt-douze qui, les pieds nus, les vêtements en guenilles, repoussaient l'invasion. Et de quoi nous serions-nous plaints ? Nos blouses étaient neuves et nous avions des souliers. Nous avions même tous un peu de linge dans la musette de toile blanche qui nous servait de sac. Nous pouvions entrer en campagne, c'était notre conviction.

Or, voilà que le 26 août justement, une

dépêche étant arrivée au commandant, le bataillon apprit que les 3e et 6e compagnies partiraient le lendemain matin, à quatre heures, pour Montereau.

« — Bon ! dirent les gardes mobiles qui restaient, nous ne tarderons pas à filer aussi. Faisons nos apprêts. »

Et en effet, dans la matinée du 27, comme nous parlions encore des camarades qui nous avaient quittés avant le jour, on nous annonça que notre départ aurait lieu dans l'après-midi.

Ce matin-là, Provins était en rumeur. On racontait que les Prussiens étaient à Nogent, à Romilly-sur-Seine ; ils allaient arriver pour sûr. Les maris envoyaient leurs femmes à Paris ou dans le midi de la France. On ne rencontrait que voitures chargées de malles et de paquets bien lourds se dirigeant vers la gare. Une vraie panique, un sauve-qui-peut.

Nous vîmes tout cela en transportant les objets de literie de la caserne dans un magasin de la Ville-Haute, et nous rentrâmes joyeux car nous pensions aller voir les Prussiens. Et maintenant, nous regardions nos fusils à tabatière avec amour, nous disions des folies, nous improvisions des couplets baroques sur des airs nouveaux, nous entonnions la *Marseillaise* et le *Chant du Départ* à gorge déployée ; c'était une gaîté véritable, une gaîté dans laquelle il y avait de la fièvre et de l'enthousiasme.

A vrai dire, il s'en trouvait bien parmi nous quelques-uns qui s'étonnaient, qui murmuraient : « Ce n'est pas possible ! Mais je me suis assuré, je me suis racheté, moi ! Comment ! on se servira de nous ? nous serons des soldats ? » Mais les autres reprenaient en riant : « Eh oui, oui ! nous serons des soldats ! » *Allons, enfants de la patrie !* — *A la voix du canon d'alarme.* — *La victoire en chantant*, etc., etc. » Et le concert de continuer comme de plus belle.

Vers trois heures, ainsi qu'il avait été dit, nous étions tous en chemin de fer, si toutefois cela s'appelle être en chemin de fer que d'être entassés, pressés, emmagasinés dans des wagons à charbon ou sur des wagons plats. Le public, qu'avait attiré le marché du samedi, se pressait aux alentours de la gare. Nous avions là des parents ou des amis qui nous saluaient de la voix et du geste. Nous répondions de même. Et quand la machine s'ébranla nous emportant avec elle : « Adieu ! » s'écria la foule tout entière ; et nous criâmes : « Adieu ! » et nous étions déjà loin que nous entendions encore derrière nous des voix amies qui nous criaient adieu.

II

Au bout de quelques minutes, le train s'arrêta dans la gare de Longueville. Il se fit un grand mouvement sur tous les wagons. Les gardes mobiles descendaient ou remontaient. Les officiers donnaient des ordres. Ce fut un tumulte d'un instant; puis le train repartit, filant vers Nangis avec cinq compagnies seulement. Une compagnie : la 1re, restait à Longueville. Elle avait pour mission d'occuper la gare qui devenait tête de ligne, et d'établir des grand'gardes sur la voie ferrée. Immédiatement, des cartouches furent distribuées, et les sentinelles désignées et placées à leurs divers postes.

Le soir, le capitaine Michelon demanda des volontaires pour une reconnaissance de nuit. Il s'agissait de battre le pays et de voir si l'ennemi nous menaçait comme le bruit en avait couru. Le capitaine demandait trente hommes : il s'en présenta soixante. Dans toute autre compagnie du bataillon de Provins, le succès aurait été le même pour une semblable proposition. A neuf heures, les trente hommes partirent ayant à leur tête leur sous-lieutenant, et conduits par un habitant du pays qui devait être un excellent guide. La petite troupe marcha pendant quatre heures, avec quels terribles espoirs de lutte et de carnage, Dieu le sait! et nous nous en souvenons en souriant. Il était évident que l'on allait rencontrer des uhlans ; les fusils à tabatière parleraient ; on se battrait bien, et alors... Avant de se mettre en route, on avait eu l'idée d'embrasser encore une fois son papa, sa maman, et l'on avait jeté sa petite lettre à la poste. On s'en félicitait intérieurement en avançant silencieusement et l'oreille au guet à travers la campagne et les villages. Mais tout dormait. Pas d'éclaireurs ennemis à combattre! Le pays était tranquille. Les villageois attardés que l'on interrogeait n'avaient pas entendu parler de l'arrivée des Prussiens ; ils affirmaient même que l'ennemi n'avait paru nulle part aux environs, pas plus à Nogent et à Romilly qu'ailleurs ; et la petite troupe se trouva très-heureuse de revenir à Longueville sur des machines que l'administration du chemin de fer faisait évacuer de Flamboin.

Le 28, vers midi, la 2e compagnie arriva de Nangis venant remplacer la première, pour être à son tour relevée de son poste au bout de vingt-quatre heures par une autre compagnie. Il en fut ainsi pendant tout le séjour du bataillon à Nangis. C'est à Longueville que les trois quarts de nos gardes mobiles ont fait leur apprentissage des grand'gardes. C'est là qu'ils ont crié pour la première fois : « *Halte-là! Qui vive! Avance au ralliement!* » Parfois, la nuit était mauvaise; il pleuvait. Le garde mobile n'avait pour s'abriter qu'une pauvre petite couverture, mais il ne se plaignait ni ne murmurait guère, sachant bien que les plaintes ne servent à rien, et que les murmures ne vous garantissent pas de la pluie. Et puis, après ces nuits trop fraîches, le jour venait, les nuages se dissipaient ; et c'est souvent assez d'un peu de douce lumière pour vous réchauffer le corps et vous rasséréner le cœur. On marchait, on se donnait du mouvement. Parfois, sur l'ordre ou la permission d'un officier, on montait à quinze ou vingt, sur les hauteurs du côté de Septveilles pour examiner la campagne. On gravissait le chemin rocailleux. Les paysans, occupés dans leurs champs de vigne ou dans leurs champs de pommes de terre se redressaient pour vous donner le bonjour au passage. Un laboureur conduisait gravement sa charrue, enterrant le chaume de la moisson dernière sous de nouveaux sillons. La plaine était paisible. Des oiseaux chantaient. Ici, dans une brume légère se dessinaient, dépassant les arbres de la vallée, les arcades du viaduc de Longueville. A gauche, s'élevaient les hauteurs qui dominent Sainte-Colombe. Là-bas, Provins avec ses églises, sa tour de César et son dôme de Saint-Quiriace, Provins brillait dans un rayon de soleil. Et tout au fond, limitant l'horizon, le bleu sombre des bois lointains se confondait avec les lointains bleus du ciel.

Oh! la plaine verte et jaune, la glèbe fraîchement retournée qui fume au soleil, les peupliers qui bruissent, les oiseaux qui chantent, les moulins sur la rivière au milieu des prairies, les villages que l'on voit et ceux que l'on devine, le clocher du pays natal derrière l'horizon, le clocher que l'on n'aperçoit pas mais vers lequel on étend la main comme pour le montrer, tout cela, c'était bien beau! tout cela, c'était la Brie!

Mais voici que le bruit d'un convoi se faisait entendre à cinq ou six cents mètres, dans la tranchée aux teintes crayeuses, au bout du viaduc. Le convoi se rapprochait. Il accourait, semant des charbons ardents sur sa route, et son panache de fumée fuyante au front. Il apparaissait tout d'un coup et ralentissait prudemment sa marche. Il était au-dessus des arcades; il entrait dans la gare : c'était le train des *moblots!* Et grand remue-ménage alors : chacun accourait, se mettait sur les rangs pour répondre à l'appel de son nom, saluait d'une plaisanterie les arrivants, et s'empressait de prendre leurs places dans les wagons qu'ils venaient de quitter.

Le temps de bourrer une pipe et de la fumer en bavardant, et l'on rentrait à Nangis.

A Nangis, les gardes mobiles étaient logés chez l'habitant. Quelques-uns seulement, les moins heureux, couchaient dans une grange de M. Greffulhe. Nos officiers avaient élu domicile à l'hôtel du *Dauphin*. La population était bienveillante et se plaisait à venir assister à nos exercices. L'école de peloton n'avait plus de mystères pour aucun de nous; et, tout en faisant un peu d'escrime à la baïonnette, nous abordions les difficultés de l'école de tirailleurs et de l'école de bataillon. Ces manœuvres-là ne s'apprennent pas en un jour; il y faut apporter beaucoup d'attention et de bonne volonté; mais la bonne volonté ne nous manquait pas. Les mouvements commandés étaient exécutés, sinon avec précision, du moins avec assez d'ensemble; et l'on ne pouvait guère nous reprocher que de n'être pas silencieux sous les armes. Déjà, les journaux nous l'avaient dit à Provins : nous aimions beaucoup trop à bavarder. Mais le Briard est un peu... chacun sait ça; et allez donc changer la nature! Cependant, hâtons-nous de le dire, il suffisait de l'observation d'un officier pour rétablir le silence sur toute la ligne. Le malheur, c'est que notre incessant besoin de parler rendait ces observations trop fréquentes.

Vers la fin de notre séjour dans cette brave petite ville de Nangis, notre habillement reçut d'heureuses modifications. Le pantalon gris à bandes rouges, la vareuse de laine noire à boutons jaunes et le ceinturon de cuir noir à plaque de cuivre poli firent leur apparition dans nos rangs. Ce costume nous plaisait. On se croyait là-dessous plus soldat que sous la blouse.

Dans le même temps, M. de Courcy nous fit savoir que, d'après l'avis qu'il en avait reçu du ministère, les quatre bataillons de Seine-et-Marne formeraient désormais un même régiment : le 38ᵉ de gardes mobiles, et que ce régiment serait commandé par le lieutenant-colonel Franceschetti.

Mais nous ne connaissions encore ni les vêtements nouveaux ni le numéro de notre régiment lors d'une revue passée par M. de Saint-Pulgent, le préfet de Seine-et-Marne, et M. le général de Pointe. C'était le 1ᵉʳ septembre.

Trois jours après, un dimanche, nous apprenions coup sur coup la capitulation de Sédan et la proclamation de la République à Paris. La capitulation de Sédan, oh! là triste chose, l'épouvantable malheur! L'empereur — Beaurepaire, vieux Briard, qu'en dis-tu? — l'empereur, un neveu du grand Napoléon, rendant au roi Guillaume une épée dont il ne s'était point servi! Et quatre-vingt mille hommes, quatre-vingt mille Français, des braves, nos compatriotes, nos parents, nos amis, nos frères, ramassés, saisis, empoignés, arrachés, emportés brutalement, tout d'un coup, par la griffe infâme de l'aigle de Prusse! Ah! c'était bien la catastrophe. Certes, depuis quelque temps, nous nous attendions tous à quelque évènement terrible, mais pas à cela! « Bah! fausse nouvelle, disaient cependant de bons bourgeois; les Prussiens s'amusent. Les fausses nouvelles, c'est leur spécialité. Cela fait partie de leur science militaire comme l'incendie et le pillage. Fausse nouvelle! » Et nous ne savions trop que penser, lorsque le bruit de la proclamation de la République nous arriva. La révolution s'était faite sans une protestation, sans un coup de fusil. Les députés de Paris, acclamés par le peuple, s'étaient constitués en gouvernement provisoire, sous le nom de gouvernement de la défense nationale. Le lundi 5 septembre, ces nouvelles nous furent confirmées officiellement. « *Vive la République!* » s'écriaient la plupart d'entre nous. « Vive la France! et que la république nous sauve! » disaient quelques autres. Et les songeurs, les politiques se prenaient à songer. La situation était grave. Au nord, à l'ouest, au midi, partout en France, de l'enthousiasme et du patriotisme, mais pas d'armée organisée. A l'est, une armée prussienne qui s'avançait, et personne pour la combattre. Depuis quinze jours, le maréchal Bazaine s'était renfermé dans Metz. Par conséquent, pas de bataille en Champagne. C'était sous les murs de Paris que devait se terminer cette désastreuse guerre, cette guerre atroce follement déclarée du sein de Paris même, du haut de la tribune du Corps Législatif, par la voix des ministres de l'empire. C'était sous les murs de Paris que les Allemands, fiers de leurs victoires, allaient accourir pour achever de nous vaincre; mais, avec l'aide de Dieu, c'était sous les murs de Paris qu'on les écraserait!

Et cependant, ces Allemands, leur maître, le roi Guillaume, en entrant en campagne, s'était défendu de la pensée qu'on pouvait lui prêter de faire la guerre à la France; le roi Guillaume avait déclaré ne faire la guerre qu'à l'empereur! Oui; mais allez donc vous fier à la parole des rois!

Aussi, ne fûmes-nous pas surpris quand, le 11 septembre, l'ordre nous arriva de nous mettre en route. Les machines qui devaient nous emmener chauffaient déjà sur la voie. Nous fîmes promptement nos adieux à nos bons amis les habitants de Nangis, et nous prîmes place dans les wagons.

Durant un instant, nous pensâmes à ceux que nous venions de quitter. Nous nous rappelâmes les exercices sur les promenades ou dans le parc de M. Greffulhe, et le formidable appétit que nous avions en rentrant au logis, et l'amabilité des gens qui souriaient de plaisir en nous regardant manger. Nous nous rappelâmes les voyages à Longueville et les retours joyeux; et les bonnes soirées passées dans les cafés autour de la halle, sur la grande place; les journaux que l'on commentait, les parties de billard, de *rams* et de piquet que l'on faisait, les chansons que l'on chantait! Nous nous rappelâmes aussi les nuits de garde à l'Hôtel-de-

Ville, l'ancien château des seigneurs de Nangis, un bâtiment carré, flanqué de tourelles, entouré de beaux arbres (1), qui vous fait rêver à de vieilles histoires, les moblots couchés sur de la paille dans la salle du conseil, une grande salle voûtée dont les hautes fenêtres s'ouvrent sur un balcon où l'on allait de temps en temps respirer. Tout cela nous revint à l'esprit; puis le mouvement du wagon, le bruit de la locomotive, l'aspect des champs qui fuient et des villages qui passent détournèrent notre pensée de tous ces souvenirs, et nous nous mîmes à causer.

Une heure après, nous étions à Gretz; et les six compagnies recevaient l'ordre de descendre à Tournan où nous fûmes bien accueillis par la population. Nous devions partir le lendemain pour Paris. Pendant la nuit, nous apprîmes que des éclaireurs prussiens s'étaient montrés à Faremoutiers, et nous nous demandions encore si nous n'aurions pas l'avantage de faire le coup de feu dans

(1) L'auteur n'a pas appris sans regret que ces beaux arbres séculaires étaient abattus.

notre chère Brie quand, le jour s'étant levé, le signal du départ se fit entendre. Le bataillon se rassembla vivement et se mit en route, remontant vers Gretz. Nous nous flattions de l'espoir de monter en chemin de fer, et de nous en aller, commodément ou à peu près, jusqu'à notre destination. Mais, arrivés à la station, il nous fallut en rabattre de nos espérances. La gare était vide. Wagons et machines, tout, jusqu'aux employés, avait été dirigé sur Paris pendant la nuit. Nous avions devant nous la route blanche de poussière, au loin derrière nous un soleil déjà brûlant, sur nos épaules la couverture en sautoir, le fusil en bandoulière, et, pendant sur les hanches, la musette au linge et la musette aux cartouches qui nous semblaient déjà lourdes. La journée s'annonçait rude : Allons, frères, courage !

Nous traversâmes dans la matinée Ozouer-la-Ferrière et La Queue-en-Brie sans nous arrêter dans ces endroits plus longtemps qu'il ne fallait pour boire un verre de vin à l'auberge ou deux gorgées d'eau à la fontaine. Nous étions maintenant dans le département de Seine-et-Oise; adieu, Seine-et-Marne!

A la sortie du village de La Queue-en-Brie, comme nous venions de rencontrer un détachement de chasseurs d'Afrique qui s'en allaient en reconnaissance, nous remarquâmes que la route était coupée en prévision de de l'ennemi. A cinq ou six kilomètres de là, cette route que nous suivions et qui depuis quelque temps s'amusait à grimper, chose qui, soit dit par parenthèse, ne nous amusait guère, se mit à descendre assez brusquement en tournant parmi les champs de vigne. Nous avions devant nous la vallée de la Marne, un vaste paysage où le regard se perdait. Mais, insensibles à la beauté de ce décor superbe, fatigués et ruisselants de sueur que nous étions, nous le regardâmes à peine, et nous descendîmes la côte au bas de laquelle se trouve une espèce de petite ville désignée pour notre grande halte. Cet endroit, que nous devions revoir plus tard, s'appelle Champigny.

Les habitants ayant reçu la veille l'ordre de déménager au plus vite, nous ne trouvâmes presque plus personne dans les maisons, et rien à nous mettre sous la dent. Il fallut se contenter du pain de munition séché par le soleil. Il est vrai que nous nous mettions à l'ombre pour le manger, mais ce n'était là qu'un faible dédommagement.

A deux heures, le bataillon se remit en route, et bientôt après nous passions à Joinville. Le pont était miné, prêt à sauter. Non loin de là, de nombreux ouvriers travaillaient à l'établissement d'une redoute. Nous pensions entrer dans Paris le soir même ; malheureusement nous étions dans une journée de déceptions. On nous fit suivre une sorte d'avenue qui longe le bois de Vincennes. Nous rencontrions beaucoup de monde qui semblaient dire : « Voilà des gaillards, mais ils ont l'air bien las ! »

Comme nous entrions dans Nogent, ce joli Nogent des parties de campagne parisiennes que ses habitants évacuaient, le propriétaire d'une maison bourgeoise s'occupait de déménager sa cave. Il fit apporter dans sa cour vins blancs et vins rouges : du Mâcon, du Bordeaux, du Châblis, du Sauterne, du Champagne même; et debout près de la grille, entouré de ses domestiques qui débouchaient les bouteilles, il se mit bravement à nous verser à boire. Chaque garde mobile en défilant prenait le verre qu'on lui tendait, le vidait d'un trait, et s'éloignait disant : « Ah! le bon vin! les bonnes gens! la plaisante manière de déménager! » Les rangs, un moment rompus, se reformèrent un peu plus loin, et le bataillon continua son chemin.

Après avoir salué d'un regard le fort de Nogent, nous passâmes auprès du village de Fontenay. Nous aurions bien désiré nous arrêter, mais il fallait marcher encore. On geignait, on traînait la jambe; ah! nous nous souviendrons de cette longue étape!

Nous rencontrâmes encore des forts et des redoutes, des hameaux et des villages, des villages comme Rosny, Montreuil ou Romainville, des villages qui seraient d'honnêtes petites sous-préfectures en province. Enfin, comme le soir tombait, le commandant du fort de Noisy, un marin, n'ayant pas voulu nous recevoir, nous descendîmes vers le village où nous arrivâmes avec de gros soupirs de satisfaction.

Il n'y avait plus à Noisy-le-Sec que des gardes nationaux pour tous habitants. Il n'était donc pas facile de se procurer des vivres. Mais, harassés comme nous l'étions, à peine songions-nous à manger. Nous avions parcouru, par le plus beau soleil du monde, une distance de douze à treize lieues. Tous, nous avions le corps brisé, moulu, les pieds en sang. Nous avions hâte de nous décharger de nos bagages dans les logements qui nous étaient assignés, et de nous coucher sur quelque chose, ne fût-ce que sur nos couvertures étendues par terre. Aussi, beaucoup d'entre nous oublièrent de souper. Personne, au contraire, n'oublia de dormir *.

Le lendemain, nos officiers nous laissèrent faire la grasse matinée, ce qui ne nous était

* Note III.

pas arrivé depuis longtemps. Mais, à trois heures du soir, clairons et tambours sonnèrent l'assemblée au pas de course, et, les sergents et caporaux ayant fait l'appel, nous nous dirigeâmes vers Paris. De chaque côté de la route, les arbres avaient été sciés à soixante ou quatre-vingts centimètres de terre et taillés en pointe comme des dents de herse ; on avait laissé les cimes et les branchages dans les intervalles. Partout on préparait la défense. Sur les hauteurs à gauche, dans la ligne des forts, nous apercevions des travailleurs. Nous distinguions aussi des soldats et des mobiles debout, et causant près de leurs tentes. De petits flocons de fumée indiquaient les feux de leurs cuisines. Les faisceaux de fusils étincelaient au soleil. Parfois, un officier à cheval apparaissait, semblant donner des ordres ou regarder la plaine, et disparaissait. A droite, s'étendait la campagne tranquille avec ses grands bois à l'horizon, et ses petits accidents de terrain parsemés de taillis et de bouquets d'arbres auxquels on essayait de mettre le feu. Puis, un peu en avant de nous, se montrait un village dont nous nous rapprochions et que nous allions traverser; le village près duquel, suivant la chanson de *Risette*, Paris est bâti, Pantin pour le nommer, le séjour enchanté des marchands d'engrais et des mauvaises odeurs. Nous marchions bien, car nous étions délassés et nous allions voir Paris que moitié d'entre nous ne connaissaient pas encore. Nous arrivâmes en peu de temps aux fortifications. Là, des ouvriers et des gardes nationaux en foule nous saluèrent du cri de : « *Vive la mobile!* » Nous répondîmes à cette politesse par des cris de : « *Vive la République!* » et tandis que nos clairons et nos tambours se mettaient à sonner leurs plus belles marches, nous entrâmes en bon ordre mais couverts encore de la poussière du chemin, dans ce beau Paris qui se faisait un devoir et une fête de nous acclamer et de nous applaudir, dans ce joyeux Paris qui, l'autre hiver, pendant quatre mois, a prouvé devant l'ennemi qu'il savait résister, qu'il savait combattre, et qu'il savait souffrir;

dans ce vaillant Paris qui, quoi qu'on en dise, malgré ses défauts et ses travers, malgré ses engouements faciles et ses colères trop promptes, malgré ses égarements, malgré ses malheurs, malgré ses fautes même, sera toujours Paris, c'est-à-dire la ville du monde qui possède peut-être le plus le feu du patriotisme, l'amour des grandes choses et l'enthousiasme du bien.

III

La nuit était venue et les becs de gaz s'étaient allumés partout quand nous arrivâmes sur la place de l'Hôtel-de-Ville où l'on nous fit faire halte. Au bout d'une petite heure, des billets de logement valables pour dix jours nous furent apportés et distribués. Presque tous étaient pour le XIVe arrondissement. Il y a loin de l'Hôtel-de-Ville au Petit-Montrouge. Cependant, tout le monde s'empressa d'aller chercher son gîte. Les uns s'installèrent à cinq ou six dans des voitures de place, malgré les protestations des cochers qui ne s'en portèrent pas plus mal, et sans souci de la fatigue des chevaux qui ne s'emportaient pas. D'autres se contentèrent de prendre l'omnibus. D'autres s'en allèrent tout bonnement à pied. Bref, personne ne demeura sur la Grève à attendre la revue que notre lieutenant-colonel devait y passer le lendemain. Chacun trouva sa maison où l'attendait le meilleur accueil. Chez les ouvriers on vous disait : « Camarade, tout est à vous. » Chez les bourgeois... Ces bourgeois de Paris sont aussi de braves gens ! Non contents de nous fournir le lit et la lumière, la plupart de ceux chez qui nous avions été envoyés, qu'ils fussent de petits commerçants ou de gros propriétaires, voulaient nous donner un siége à leur table pendant notre séjour chez eux. Nous avions beau nous en défendre, en disant que notre solde nous permettait de pourvoir à notre subsistance, il fallait accepter. Le mari priait, la dame insistait, la bonne mettait le couvert ; et comment avoir le courage de résister encore ? Nous nous soumettions. On cite même des gardes mobiles qui, bien hébergés, recevaient de leurs hôtes un supplément de paye parfois supérieur à la somme que leur remettait chaque jour leur caporal. Générosité qui prouve bien le bon cœur des Parisiens!

Le 14 septembre, ainsi que l'ordre nous en avait été donné la veille, nous nous dirigeâmes dès le matin, les uns seuls, les autres par bandes, vers la place de l'Hôtel-de-Ville. Il pleuvait, ce matin-là. Cependant, partout sur notre passage, nous rencontrions des gardes mobiles faisant l'exercice ou se rendant à l'appel. C'étaient des Champenois, des Picards, des Bourguignons, des Vendéens et des Bretons en grand nombre. Depuis plusieurs jours ils étaient à Paris ; et, le dimanche précédent, le général Trochu, président du gouvernement de la défense nationale, les avait passés en revue au milieu d'une foule immense et au bruit des acclamations. Leurs costumes, différant peu du nôtre, nous ne nous amusâmes pas longtemps à les regarder : et à l'heure fixée, nous étions réunis au lieu désigné.

Sauf quelques absences, les six compagnies étaient au complet. Nos camarades, les gardes mobiles de Provins et de Bray-sur-Seine, arrivés de Montereau la veille, ne se retrouvaient pas encore avec nous, mais nous allions bientôt les voir, bien exercés et manœuvrant avec une précision des plus remarquables, reprendre leur place dans le bataillon.

La revue ne fut pas longue. Le lieutenant-colonel passa sur le front de chaque compagnie, regardant, critiquant, adressant des éloges; après quoi, les officiers nous ayant fait connaître le point de rassemblement pour nos appels, on nous congédia.

Le lendemain, et le surlendemain, nous allâmes faire la manœuvre dans la campagne de Montrouge, et c'est aussi dans ces jours-là que nous reçûmes nos effets de campement qui furent étrennés à la porte d'Orléans.

Nous ne nous souviendrons jamais sans quelque plaisir de ces premières grand-gardes sur les murs de Paris. Le jour, c'était un peu monotone, mais la nuit, c'était charmant. Il faisait beau. Les sentinelles attentives et nombreuses, examinant la plaine aux lueurs des étoiles, se promenaient silencieusement le long du parapet. A leurs pieds, dans l'ombre, abritées dans le chemin couvert comme en un fossé, se dessinaient les tentes où ronflaient les dormeurs. Sur la même ligne, quelques tisons brûlant sous une marmite, éclairaient vaguement, charmante en son costume d'officier, coiffée de son shako garni de plumes vertes, la cantinière qui, sentant venir le froid du matin, s'occupait gravement à faire du café. Au-delà des tentes, au-delà du feu s'élevait le talus couronné de sacs de terre derrière lesquels brillait de distance en distance la baïonnette d'un garde national en faction sur le terre-plein. Par moments un jet de lumière électrique partait d'un bâtiment carré dominant les remparts, et se promenait lentement sur la campagne ; et l'on eût dit un grand rayon de soleil égaré dans la nuit. Alors apercevait-on quelque silhouette suspecte : espion ou maraudeur, des cris partaient de l'avancée : « *Qui vive! Passe au large!* » et si le rôdeur, après plusieurs avertissements, gardait le silence et ne s'éloignait pas : « *Feu!* » disait la voix du commandant, et deux ou trois coups de fusil retentissaient. Puis, tandis qu'une pensée triste vous traversait l'esprit, la tranquillité revenait, et l'on n'entendait plus que l'éternel cri des gardes nationaux sur le rempart, ce cri qui va se rapprochant et s'éloignant sans cesse : « Sentinelles, prenez garde à vous ! »

C'était charmant, trop charmant pour durer longtemps; cela devait se gâter. En attendant, nous n'étions pas à plaindre; pour être active, notre vie n'était pas fatigante, et nous jouissions des bonnes heures sans craindre les mauvaises.

Ceux qui n'ont pas vu Paris à cette époque ne s'imagineront jamais à quel degré d'enthousiasme le peuple français peut arriver. C'étaient dans les rues, sur les places et sur les boulevards une animation, une joie qui tenaient de la fièvre et du délire.

Saint délire que celui-là! Partout, à toute heure du jour, on faisait l'exercice. A chaque instant des bataillons de la garde nationale passaient, tambours battant, enseignes déployées, s'en allant comme en pélerinage déposer des couronnes aux pieds de la statue de la ville de Strasbourg. Il y avait de la fierté sur tous les visages, de l'héroïsme dans tous les yeux, du patriotisme dans tous les cœurs. Pas un homme qui ne portât haut la tête! on allait lutter et l'on se sentait grandir.

Une chose qui nous plaisait moins que cette attitude virile de la population parisienne, une chose qui nous déplaisait même tout-à-fait parfois, c'était de voir, quand nous descendions le soir en nous promenant vers le centre de la grande ville, des officiers et des sous-officiers et même des soldats de la mobile attablés avec des femmes à la porte des cafés du quartier Latin. Elles étaient nombreuses, ces femmes; il y en avait de brunes, de blondes, et de rousses, avec de lourds chignons et de petits chapeaux; presque toutes étaient jolies, et le boulevard Saint-Michel avait l'air d'une foire aux sourires. On dit que plusieurs de ceux qui les achetaient, ces aimables sourires, en ont été cruellement payés. Tant pis pour eux. C'est un malheur dont ils se seront consolés à l'idée d'avoir été peut-être enviés par quelqu'un de ces nombreux passants qui s'étonnaient en eux-mêmes, les puritains ! et pensant à la France envahie, à la discipline compromise, détournaient leurs yeux de ces scandales pour ne point les siffler.

En ce temps-là, le gouvernement de la défense nationale, s'inspirant des principes démocratiques dont un gouvernement républicain devrait s'inspirer toujours, convoqua les bataillons de la garde mobile à l'élection de leurs officiers. Les bataillons votèrent. Chaque compagnie avait à nommer au scrutin de liste un capitaine, un lieutenant et un sous-lieutenant. Le commandant devait être nommé par les officiers élus. Excellente mesure ! Mais changer de chefs à cette heure tardive pouvait paraître imprudent ; et les gardes mobiles, se rappelant l'adage : *Possession vaut titre*, pensèrent qu'il n'y avait pas lieu de bouleverser les cadres. D'ailleurs, si dans beaucoup de bataillons, à côté d'officiers intelligents et capables, certains autres, peut-être seulement selon les dires des jaloux et des mauvaises langues, étaient d'une incapacité notoire, par qui remplacerait-on ces incapables? A la vérité, les hommes instruits*, les hommes braves ne manquaient pas parmi nous; mais les militaires? Il n'y eut donc que fort peu de changements, et le vote ne servit guère qu'à montrer à nos officiers le degré de leur popularité.

Or, le 19, un lundi, nous étions justement en train de voter, rue Delambre, dans les magasins du bataillon, lorsque nous entendîmes le canon gronder dans la direction du sud. Un peu plus tard, comme chacun de nous se dirigeait du côté de la place de la mairie où nos appels avaient lieu, nous remarquâmes des soldats de la ligne et des

* Note IV.

zouaves, les uns pâles de peur, les autres ivres et pouvant à peine se tenir debout, qui revenaient du combat, plusieurs sans sac, sans fusil, mais tous la cartouchière pleine. Les passants s'arrêtaient et s'indignaient. Au loin, le canon tonnait toujours. Un peu plus tard encore, nous faisions l'exercice lorsque nous vîmes des caissons et des pièces d'artillerie rentrer en désordre par la chaussée du Maine. Des voitures d'ambulance passaient aussi, pleines de blessés. Quelques artilleurs s'étant arrêtés, nous les interrogeâmes sur l'affaire qui venait d'avoir lieu, mais ils nous répondirent à peine, en sorte qu'après leur départ, nous étions encore plus inquiets et plus tristes qu'auparavant.

Le soir, tout Paris connaissait le résultat de la bataille. Les Prussiens s'étaient emparés des hauteurs de Châtillon. Avec leurs canons Krupp, avec ces engins formidables qui lancent d'énormes obus à deux ou trois lieues, ils allaient pouvoir nous bombarder à leur aise. Les Parisiens, furieux contre la ligne et les zouaves, exaltaient le courage de la mobile, qui s'était, du reste, admirablement conduite. On contait partout que les fuyards appartenaient au corps d'armée que le général Vinoy, par une habile retraite, avait sauvé du désastre de Sédan. Épouvantés des premières batailles auxquelles ils avaient assisté, ces malheureux, dans la journée du 19, avaient lâché pied dès les premiers obus. On criait : *A bas!* sur ces hommes, et : *Vive la mobile!* Si bien que parfois, dans les jours qui suivirent, de voir un pauvre zouave qui peut-être s'était bien battu, lui, pendant que beaucoup de ses camarades se sauvaient, de le voir insulté, honni sur son passage, cela nous faisait de la peine, et que nous nous disions entre nous : « Vous verrez qu'ils prendront leur revanche! » Cette revanche, à Villejuif, à la Malmaison, à Champigny, à Montretout, les zouaves l'ont prise.

On disait encore que Paris n'était pas dans un complet état de défense, et que les Allemands, en sacrifiant soixante ou quatre-vingt mille des leurs, pouvaient pénétrer de vive force dans l'enceinte. Seulement, on les attendait là! Des Français, assiégeant une capitale, eussent peut-être tenté l'aventure: les Allemands trouvèrent plus commode de nous bloquer. Deux jours après, c'était chose faite.

C'est alors que parut au *Journal officiel* un document diplomatique dont l'effet fut immense. Jules Favre venait d'avoir une entrevue, à Ferrière, avec M. de Bismark; et il rendait compte de cette entrevue.

Jules Favre avait dit à M. de Bismarck: « Cette guerre, née du caprice d'un seul, n'a plus de raison d'être aujourd'hui que la France est redevenue maîtresse d'elle-même. Elle veut la paix, mais une paix honorable, qui ne soit pas une courte et menaçante trêve. »

Puis, il avait abordé la question d'un armistice pour l'élection d'une Assemblée.

On sait par quelles offres de conditions inacceptables et par quelles propositions humiliantes le ministre prussien avait répondu.

Cette paix honorable, cette paix durable,

on nous la refusait; et notre éloquent ministre, sachant « la population de Paris courageuse et résolue aux derniers sacrifices » sachant « la nation entière dans les mêmes sentiments » avait quitté le château de Ferrière, « bien malheureux et néanmoins plein d'espoir. »

Jules Favre racontait tout cela simplement, dignement, dans son beau langage où l'on sentait le cœur d'un homme et l'âme d'un citoyen; et son récit était applaudi des gens de tous les partis, ou plutôt, il n'y avait plus, ainsi qu'on a déjà pu le comprendre, et du moins pour quelque temps, qu'un seul parti dans Paris : le parti de l'amour-propre national offensé et du patriotisme qui se relève.

Sur ces entrefaites, un combat se livra sous les murs de Paris, à Villejuif; et ce combat fut un succès pour nos armes.

Ce jour-là, dès le matin, nous étions à la porte d'Orléans, en dehors des fortifications. Le commandant nous avait fait quitter nos sacs et nos bagages, et fiers des chassepots contre lesquels nous avions échangé nos fusils à tabatière deux jours auparavant, nous attendions. Nous écoutions le tonnerre du canon et le crépitement lointain de la fusillade. Par moments aussi, un bruit strident parvenait à nos oreilles, pareil à celui de quelque chose qui se déchire, un craquement sinistre et saccadé : c'était la mitrailleuse. Le combat se livrait à plus d'une lieue de nous, derrière les hauteurs de Bicêtre, là-bas, sur notre gauche. Nous n'apercevions rien que les fumées grises qui s'élevaient au-dessus des batteries, et quelquefois, en haut, dans le bleu du ciel, le petit flocon blanc que produisait une boîte à balles en éclatant en l'air. A en juger par ce que nous entendions et voyions, la lutte devait être vive. Mais sur les dix heures, le bruit se ralentit et cessa. La bataille était gagnée. Personne n'en savait rien, mais personne n'en doutait. Bientôt nous apprîmes en effet que le village de Villejuif avait été enlevé par la division Maud'huy qui l'occupait. Dans Paris où la foule veut toujours voir les événements avec des lunettes grossissantes, on parlait d'un nombre incalculable de Prussiens faits prisonniers d'un seul coup.

Quand, vers midi, nous rentrâmes dans Montrouge, les trottoirs de l'avenue du Maine étaient encombrés de monde. On nous acclamait avec une sorte de fureur. Essayer de protester était inutile. Ces patriotes étaient venus là pour applaudir, ils applaudissaient. Aussi, pour quelques-uns d'entre nous qui relevaient fièrement la tête comme des vainqueurs, comme des héros à qui de pareils hommages sont dus, beaucoup d'autres étaient-ils tout honteux, et, baissant le front, souriaient doucement de se voir décerner une ovation que nous n'avions nullement méritée.

C'était le 23 septembre. Depuis dix jours nous étions arrivés à Paris; et le lendemain, après avoir remercié nos hôtes, nous quittâmes nos logements avec armes et bagages. Puis, le bataillon s'étant réuni, nous nous dirigeâmes vers le collége Rollin où dès le matin même nous fûmes installés.

IV

Dans les trois semaines que nous passâmes au collége Rollin, le bataillon acheva de s'équiper et de s'organiser.

Nous n'étions pas encore malheureux; mais enfin, le collége, c'était la caserne, une caserne trop étroite et malsaine même, et la caserne, pour des garçons habitués dès leur plus tendre jeunesse à l'indépendance et au grand air, c'est bien souvent l'ennui.

Est-il rien de plus atroce, par exemple, — n'est-ce pas, camarades? — après une journée bien remplie, alors que la fantaisie vous prend d'aller voir un parent en ville, que d'entendre le sergent du poste vous dire:

« On ne sort pas ! Le bataillon est de piquet, » ou bien : « Halte-là, Messieurs ! le quartier est consigné. » Que faire ? Le sergent n'est pas homme à se laisser corrompre. Les uns reviennent à leurs chambres en maugréant tout bas, et n'ayant ni livres ni journaux à lire, ébauchent des conversations mélancoliques, jouent au loto et baîllent ; les autres, et particulièrement ceux qui, grâce à la libéralité de leurs parents, se servent de pièces de cent sous pour jouer au bouchon dans l'intervalle des exercices, les autres s'en vont à la cantine, sous le préau couvert, d'où s'échappent à de certains soirs les chansons joyeuses et d'où l'on revient toujours la tête un peu plus lourde et le gousset moins bien garni.

Et tout cela : la mauvaise humeur et les baîllements des uns, les maux de tête et les chansons un peu légères des autres, tout cela arrivait ainsi parce que le sergent du poste avait dit : « Messieurs, le quartier est consigné. » Et l'on reproche à la mobile d'avoir manqué de discipline ! Oh ! la consigne ! la consigne !... C'est la force d'une armée que le respect de la consigne, et l'on n'a pas grand mérite à le dire puisque tout le monde le sait ; mais des conscrits sont des conscrits, et on n'empêchera jamais un conscrit, les jours de piquet, de murmurer en s'endormant après avoir longtemps baîllé : « Ma foi, si je suis payé pour m'ennuyer, je conviens qu'aujourd'hui j'ai gagné mon argent. »

Légère paye, d'ailleurs. Après avoir été d'un franc cinquante à Montrouge, somme avec laquelle nous devions nous nourrir, notre solde quotidienne n'était plus maintenant que de vingt-cinq centimes, soit un franc vingt-cinq tous les cinq jours. En de certaines mains, ces vingt-cinq sous duraient ce que dure un feu de paille ; et l'on trouvait que le lieutenant Vinot, notre officier payeur, n'était pas généreux. Seulement, il convient d'ajouter bien vite que nous touchions des vivres de campagne.

On faisait la cuisine par escouades ; et dès le matin, de petits feux s'allumaient dans les cours au pied des murs. Pour n'être pas excellente, notre nourriture n'était pas mauvaise. Jusqu'aux premiers jours d'octobre, nous eûmes du bœuf et même un peu de légumes ; mais bientôt nous vîmes apparaître le porc salé, la vache salée, puis le cheval et le riz. A toutes ces bonnes choses nous aurions parfois préféré les omelettes ou les choux au lard du village, ces omelettes et ces choux au lard que la maman apportait sur la table dans un grand plat de terre vernissée et qui remplisaient la maison d'une appétissante odeur. Mais à la guerre comme à la guerre, et peut-être sied-il mal, après tout, à qui mange de la viande de regretter les lentilles d'Esaü. Nous nous essayâmes à croquer du biscuit : on trouvait cela bien dur. Plus tard, lorsque les rations de pain devinrent petites à ne pas oser y toucher, on s'estimait souvent bien heureux d'avoir sous la main quelqu'une de ces lourdes galettes jaunes qui vous cassaient les dents. Nous recevions aussi du vin et la goutte d'eau-de-vie que le soldat en campagne boit après son café pour chasser le brouillard du matin.

Quand les premières atteintes du froid se

firent sentir, on nous distribua de bonnes vestes de drap bleu bien chaudes. On nous remit ensuite des sacs, de vrais sacs de soldats, en toile noire, pour remplacer nos mauvaises musettes de toile blanche.

Tous les jours, exercice et même un peu de théorie. De temps en temps, revue dans les chambres.

Les exercices avaient lieu tantôt au collége, tantôt sur le boulevard de Port-Royal, tantôt sur la place du Panthéon, tantôt dans un vaste terrain disposé pour des courses de vélocipèdes. Ce qui nous plaisait surtout et ce qui plaisait aussi beaucoup aux passants, c'était l'escrime à la baïonnette. Rien d'amusant et de joli comme cela! Un jour, nous allâmes faire l'école de bataillon au-dessous du fort de Bicêtre; et le lendemain, notre commandant nous transmit les félicitations d'un officier supérieur, très-supérieur, qui nous avait observés.

Parfois, au milieu de ces exercices, on s'arrêtait tout à coup : un garde mobile venait de montrer un point noir perdu dans l'espace. C'était un ballon qui partait, portant des nouvelles de Paris à la province. — Va-t-en donc, ballon, courrier céleste, facteur des assiégés, et qu'un vent favorable te guide! Et puisse la mère qui s'inquiète de son fils recevoir bientôt une de ces bonnes lettres pleines d'espoir et de tendresse que tu promènes dans l'air au-dessus des nuages, loin des tempétes humaines et des coups de fusil!

Les revues nous valurent des compliments. Il n'y avait nul désordre dans les salles d'études et les chambres d'écoliers que nous occupions. Nous avions pour nous la propreté. Quand nous sortions, képi, vareuse, pantalon bien brossés, souliers bien cirés, guêtres bien blanches, rien n'y manquait. Cette propreté ne se fit jamais mieux voir que le 29 septembre au Luxembourg, où le 38e régiment de gardes mobiles allait reconnaître son colonel, M. Franceschetti. En cette occasion, le bataillon fut remarqué du général et félicité pour sa belle tenue.

On pense bien que de pareils éloges nous faisaient plaisir, mais enfin, beaucoup d'entre nous commençaient à trouver que nous ne nous battions guère. « Quel plaisir ce serait, disaient-ils, que de bousculer un peu les Prussiens, de les chasser de leurs positions, de les pousser devant soi jusqu'en Prusse, pour revenir ensuite heureux et glorieux dans son village, et là s'occuper tranquillement de ses semailles! — Bon! bon! patience! répondaient les autres. Il faut d'abord, pour frapper ce grand coup, que tout s'apprête et s'organise. Patience! Patience! » Mais patience est vertu des sages, et non des enthousiastes et des naïfs qui pour se créer d'adorables chimères s'exposent à rencontrer déceptions et fausses joies.

Le 30 septembre, dès quatre heures du matin, nous entendions la canonnade. « Est-ce une attaque des Allemands? Est-ce le bombardement qui commence? » Quelques instants d'attention et de réflexion nous amenèrent à penser que ce bruit était celui d'une bataille. C'est alors que l'ordre nous fut donné de nous préparer pour sortir. On prend vivement le café, et sur les sept heures, aussitôt après l'appel, quatre compagnies : les 1re, 2e, 3e et 4e, sont désignées qui font par file à gauche et s'éloignent du collège. Nos camarades, un peu jaloux de nous voir partir sans eux, nous souhaitent bonne chance. Le canon tonne toujours et nous croyons aller au feu. On rit, on chante ; passe un convoi de blessés, on se tait, mais on continue de marcher bravement. Nous sortons de Paris par la porte de Choisy et nous nous dirigeons à travers champs vers la gare d'Ivry. Nous sommes pleins d'ardeur, nous allons tout tuer, tout dévorer.. Et cela se termine ainsi : Certains d'entre nous sont envoyés sur divers points en avant du village, et les autres s'en vont prosaïquement garder un pont de bateaux. Personne n'est content.

Quand nous rentrâmes le lendemain, nos camarades nous demandèrent des nouvelles de la bataille; et, le journal en main, voyant que nous gardions le silence, ils nous racontèrent que, dans cette journée du 30, nos troupes avaient rencontré l'ennemi à l'Hay, à Chevilly, à Thiais, à Choisy, et que le général de brigade Guillerm avait été tué. Puis, d'un air un peu narquois, ils nous complimentaient sur notre belle sortie qui malheureusement s'était tournée en grand'-garde.

Grand'garde, grand'garde! c'est un mot qui revient souvent dans les récits des moblots; mais c'est qu'aussi, pendant nos cinq mois de campagne, la chose revenait souvent pour nous.

Maintenant, nous étions en automne, les feuilles jaunies tombaient des arbres; l'hiver s'annonçait. Il faisait froid, le 3 octobre, à la porte de Vaugirard par une belle nuit claire! Il faisait froid, six jours plus tard, à la porte d'Orléans par la pluie battante! Le 9 octobre était un dimanche. « Drôle de dimanche! disaient les sentinelles enveloppées de leurs couvertures trempées par le déluge, le ciel ne s'est pas fait beau. » Les tentes étaient dressées dans la boue. Parfois un coup de vent les abattait, chargées de pluie, sur le nez des dormeurs. C'était rude; et pourtant, disions-nous, ce n'est que le commencement.

Ce n'était en effet que le commencement.

Le jeudi suivant, comme il était question pour nous de retourner en grand'garde au village d'Ivry, le 38ᵉ régiment reçut l'ordre de s'apprêter à partir pour les avant-postes.

Nous fîmes promptement nos sacs, et vers midi, nous nous mettions gaiement en route avec armes et bagages. Nous nous dirigions vers les Champs-Elysées. Arrivés là, nous fîmes halte près du palais de l'Industrie pour attendre les bataillons de Fontainebleau, de Meaux et de Melun qui ne tardèrent point à passer. Le 4ᵉ bataillon suivit le mouvement.

Quelle voie magnifique que cette avenue qui monte de la place de la Concorde à l'Arc-de-Triomphe! C'est là qu'on peut marcher par sections en lignes! Et puis, là-haut, devant vous, ce chef-d'œuvre de pierre dans lequel s'encadre comme une admirable peinture un grand morceau de ciel bleu, c'est superbe, cela! Et quand on se rappelle qu'un pareil ouvrage a été élevé pour éterniser le souvenir des victoires de nos armées, on a beau détester la guerre, et ceux qui la causent, et tous les maux qu'elle entraîne avec elle, on se dit qu'après tout on est les fils de ses aïeux, et qu'on serait bien heureux, au prix de leurs souffrances, de mériter leur gloire.

Ces pensées vous viennent tout naturellement ; c'est comme une bouffée d'orgueil qui vous monte au cerveau ; et le sang court plus vite dans les artères, le corps se redresse, et, pour peu que les clairons vous sonnent ou que les tambours vous battent une de leurs plus belles marches, vous avez à votre insu cette attitude qui fait dire à quelque ancien soldat qui passe : « Cristi ! voilà des crânes, ou je ne m'y connais pas. »

En approchant du monument, nous vîmes qu'on s'occupait d'en blinder les sculptures en prévision du bombardement. Nous pûmes cependant saluer du coin de l'œil, en marchant, cette vaillante *Marseillaise* de Rude, qui se lève, entraînant les guerriers dans un élan sublime.

Deux heures après, nos tentes étaient dressées le long d'une grande avenue, non loin de la porte Maillot, dans le bois de Boulogne. Durant notre marche, nous avions entendu la canonnade gronder du côté de Montrouge. On se battait à Bagneux et à Châtillon. Nous avons su depuis, que dans cette affaire du 13 octobre, le commandant des mobiles de l'Aube, M. de Dampierre, avait trouvé la mort à la tête de son bataillon.

Le soir, pendant que nous étions à causer, sous la lumière des grands candélabres de fonte, autour des feux de bivouac dont le bois de Boulogne faisait les frais, nous remarquâmes une vive lueur dans la direction de Saint-Cloud. C'était le château qui brûlait.

Le lendemain, vers midi, après une petite pluie qui ne dura guère, le bataillon plia les tentes et repartit. Nous descendîmes l'avenue de Neuilly toute hérissée de barricades, et traversâmes le pont. Ici, deux villages : à gauche, Puteaux encore quelque peu habité; à droite, Courbevoie désert. C'est dans Courbevoie que nous entrâmes.

Puis, ayant regagné le bord de la Seine et suivi pendant trois quarts d'heure le chemin qui longe le fleuve, nous arrivâmes aux premières maisons d'Asnières.

Rien ne saurait rendre l'aspect morne, la tristesse poignante de tous ces villages abandonnés de leurs habitants. Un silence glacial régnait dans cette banlieue occidentale d'ordinaire si vivante et si gaie. Asnières surtout était bien changé. Plus de promeneurs ni de promeneuses, plus de canotiers ni de canotières, plus de refrains, plus de bruit; à peine un chant d'oiseau dans les branches. On s'était si bien attendu à une attaque des Allemands de ce côté, le plus faible de la défense, que l'on avait fait sauter les ponts, un entre autres qui pouvait passer pour une merveille de l'industrie et dont la Seine reflétait tristement les restes.

En arrivant à Asnières, nous avions fait halte. On nous désigna des maisons où nous devions nous loger; et déjà nous avions quitté nos sacs et pensions à nous reposer, lorsque nos officiers nous rappelèrent, nous firent remettre en rangs, et nous ramenèrent par une montée assez rapide vers le haut de Courbevoie.

Là, nous nous arrêtâmes de nouveau ; mais pour tout de bon, cette fois. Les deux premières compagnies s'entassèrent dans les jolies petites habitations de l'avenue Gabrielle, et les autres furent emmagasinées dans de grands bâtiments qui se trouvent non loin de là, sur la même ligne.

Cette prise de possession s'accomplit en un instant. Pas une de ces portes, ouvertes avec ou sans effraction, ne se referma devant nous pour protester contre les intrus qui se posaient en maîtres. « N'oubliez pas au moins, nous disait le commandant, que vous êtes ici chez des Français, et ne vous conduisez pas comme vous seriez peut-être tentés de faire en pays conquis. » Honnête recommandation qui, bien que le bataillon de Provins n'ait jamais commis de déprédations graves, ne fut pas toujours assez religieusement observée. Mais voilà, comme disent les Allemands, c'est la guerre !

Le soir, deux ou trois heures après le souper, on entendit une fusillade assez vive qui dura quatre ou cinq minutes. Ceux de nos hommes de garde qui se trouvaient en faction à quatre ou cinq cents pas en avant des cantonnements, le long de la voie du chemin de fer de Versailles, apprirent ce soir-là à connaître le sifflement des balles. Tout le monde s'emparait de son fusil et sortait sur le seuil des maisons, demandant : Qu'est-ce qu'il y a?

Il n'y avait rien du tout. C'était une fausse alerte causée par des gardes mobiles d'un autre bataillon. Quelques-uns des nôtres, trop pressés d'essayer leurs chassepots, faisaient feu par les fenêtres. Notre commandant accourut et, furieux, après s'être assuré que personne n'était blessé, demanda compte de cette poudre brûlée, de ces balles perdues, aux auteurs du tapage qu'il admonesta vertement.

Puis, le silence revint, on acheva sa pipe, on étendit sa couverture sur le plancher, et l'on s'endormit.

V

Le lendemain et les jours qui suivirent furent employés à différents travaux de fortification. Nous avions sans cesse le pic, la pioche ou la pelle à la main. On crénelait des murs, on creusait des tranchées, on élevait des barricades. Des compagnies furent envoyées en grand'garde à Asnières, à Colombes. On fit une ou deux fois l'école de tirailleurs. En somme, à part d'indiscrètes reconnaissances poussées dans des caves par des moblots sans scrupule, reconnaissances qui, suivant la gravité des cas, furent punies ou sévèrement blâmées, à part aussi les excursions de plusieurs d'entre nous dans le voisinage de l'ennemi, excursions dont la conquête d'un casque était le motif et des coups de fusil la récompense, à part ces petits événements dont nous nous occupions alors tout un soir, peu d'incidents à raconter.

Cependant, le 18, pour égayer la monotonie de notre existence, le fort du mont Valérien envoya quelques bombes sur la rive droite de la Seine, à plus d'une lieue de nous, dans une côte où les Prussiens s'étaient établis.

Le 19, on parla de rendre une visite en forme à quelques-uns de ces messieurs qui, disait-on, s'étaient permis de traverser le fleuve. Chaque compagnie devait fournir pour cette expédition soixante-quinze hommes, deux sergents et quatre caporaux, c'est-à-dire à peu près la moitié de son effectif. A midi, nos clairons sonnèrent le départ, mais à peine avions-nous fait cinq cents mètres de chemin que l'on nous cria : « Halte! » Nous nous arrêtâmes et nous attendîmes. Notre commandant était allé chercher les ordres du général. Nous attendîmes longtemps. Quand il revint vers nous, il nous annonça, d'un air qui n'avait rien de gai, que la partie était remise. Pour nous consoler, il nous emmena, munis de pelles et de pioches, et le fusil en bandoulière, dans les parages de l'ennemi, du côté d'Argenteuil. Notre chasse aux Prussiens se tournait cette fois en une chasse aux pommes de terre.

Au reste, nous n'eûmes pas trop à nous plaindre, car la récolte fut bonne, et notre cuisine s'en ressentit pendant plusieurs repas.

C'est au surlendemain de cette aventure que se livra le combat de la Malmaison, combat qui valut au régiment de Seine-et-Marne une belle et bonne réputation de bravoure dans Paris, et dans une partie de l'armée le surnom de 5e *zouaves*.

Ce jour-là, nous achevions de manger la soupe lorsque nous vîmes passer sur la ligne du chemin de fer les bataillons de Meaux et de Fontainebleau qui s'en allaient en reconnaissance.

« Bon! firent quelques sceptiques, ils vont revenir tantôt chargés de légumes et de laurier-sauce. »

Les sceptiques ne tardèrent pas à voir qu'ils s'étaient trompés. Vers midi, la canonnade et la fusillade commencèrent à se faire entendre dans la direction du Mont-Valérien, et cela dura presque jusqu'au soir où nos compatriotes revinrent, disant que l'affaire avait été chaude, et que le bataillon de Fontainebleau, seul engagé dans la lutte, avait perdu plus de quarante hommes.

Le 22 octobre, le 1ᵉʳ bataillon des gardes-mobiles de Seine-et-Marne était mis à l'ordre du jour.

Cela nous rendit tout joyeux et tout fiers, peut-être même un peu jaloux; et le combat de la Malmaison devint pour un moment le thème de nos conversations. On racontait que nos courageux compatriotes, ayant eu à dégager quatre compagnies de zouaves acculées dans un angle que forme le parc de la Malmaison, s'étaient portés résolument sur les pentes qui dominent Saint-Cucufa, la droite appuyée au parc de la Malmaison; et qu'alors ils avaient ouvert un feu tellement vif sur l'ennemi que l'ennemi n'avait rien trouvé de mieux à faire que de reculer. Cette manœuvre avait permis aux zouaves de rentrer dans le parc. On racontait aussi que notre vieux colonel Franceschetti s'était montré très-brave, qu'on l'avait vu calme au milieu de la bataille comme un bourgeois lisant sa gazette au coin de son feu; et l'on ajoutait gravement qu'il avait reçu trois balles, oui, oui, trois balles... dans le ventre de son cheval. On évitait de parler des morts.

Nous nous entretenions encore de toutes ces choses, lorsque, le 25, dans la matinée, nos officiers nous apprirent que nous allions changer de cantonnements.

Le même jour, vers midi, nous nous mettions en route par un temps affreux, et nous nous transportions à Puteaux, sur le bord de la Seine, dans des maisons et des usines où nous arrivâmes trempés de pluie et bardés de boue.

Nous ne tardâmes pas à voir que notre

changement de domicile ne devait pas modifier sérieusement notre manière de vivre. Travaux et grand'gardes, c'était le programme. Tantôt nous allions manœuvrer la pelle et la pioche pendant une demi-journée à la redoute du moulin des Gibets, au-dessous du Mont-Valérien ; tantôt nous allions y passer vingt-quatre heures de faction sous le vent, sous la pluie, sous la neige. Beaucoup de gardes-mobiles du bataillon de Provins n'oublieront pas de sitôt certaine nuit de la Saint-Martin qui fut pour eux une nuit terrible. A cette époque, nous avions déjà reçu les guêtres de cuir et les capotes de drap gris bleu qui depuis nous ont rendu tant de services; mais n'importe, on souffrait bien, et notre commandant lui-même qui partageait les souffrances de ses soldats, s'attendrissait en les voyant tout pâles, grelotter et claquer des dents comme des malheureux.

Parfois aussi, nous étions de piquet, prêts à prendre les armes au premier signal ; et ce n'était pas toujours, hélas! en prévision d'une bataille avec l'ennemi. Trois fois de suite, du 30 octobre au 1ᵉʳ novembre, on nous fit sortir des maisons le soir, longtemps après l'extinction des feux. Nous formions les faisceaux le long du quai, près du pont de Neuilly. Pendant deux heures, trois heures, quatre heures, nous restions là battant la semelle; puis nous rentrions nous coucher tout guêtrés, le ceinturon au côté, le fusil à la portée de la main. La première fois, on parlait d'un bataillon de francs-tireurs à désarmer, mais l'affaire s'arrangea sans que l'on eût besoin de nous. Le lendemain et le surlendemain, il était question de troubles dans Paris où l'on venait d'apprendre la malheureuse affaire du Bourget et la capitulation de Metz. On disait que des bataillons de gardes nationaux demandaient la Commune. Le gouvernement, craignant que cette Commune, dans les circonstances où l'on se trouvait, ne lui créât des embarras, et pensant n'avoir rien fait pour démériter de la confiance publique, résistait. De là, la manifestation du 31 octobre *.

* Note V.

Ces évènements nous attristaient. Nous n'aimions pas à voir la population de Paris, cette population presque essentiellement républicaine, se diviser quand nous avions l'étranger à combattre. Aussi, lorsque, la manifestation vaincue, le gouvernement de la défense nationale eut pris la résolution de consulter le suffrage universel, le bataillon de Provins vota *oui* comme un seul homme ; et cependant, il y avait parmi nous, à côté de jeunes gens qui n'admettent pas du tout le principe du plébiscite par cette raison qu'un peuple, s'il a le droit de déléguer sa souveraineté, n'a pas celui de s'en dessaisir, beaucoup d'autres jeunes gens qui ne considèrent le plébiscite comme possible, que dans une nation où chacun serait suffisamment éclairé pour discuter au besoin les différentes formes de gouvernement, et de cette manière expliquer son vote.

Dans les mêmes jours, nous apprîmes que M. Thiers venait de se rendre au camp prussien pour avoir une entrevue avec M. de Bismark.

Nous savions déjà que, dès le 12 septembre, M. Thiers était parti de Paris dans le but d'obtenir l'intervention des grandes puissances; mais, au rebours de certains Parisiens, nous n'avions pas eu grande confiance dans le succès de sa mission. Pendant vingt ans la France avait donné au monde le triste spectacle d'une nation qui se déprave et qui s'abâtardit. On n'avait vu chez nous que deux passions : celle des plaisirs et celle des intérêts. En haut l'opulence insolente, en bas la misère haineuse. Les honnêtes gens perdus dans la foule : des vertueux, des intègres que l'on raillait ou des rêveurs que l'on n'écoutait pas. On avait proscrit la morale : partout l'égoïsme et le blasement. Un seul dieu : le succès. Nous avions accepté pour maître un homme qui, nous promettant toujours la paix, rêvant toujours la guerre, n'avait pu se faire aimer des rois ses voisins ni s'en faire craindre. Et dernièrement encore, quand cet homme nous avait demandé quelque chose comme l'absolution de ses fautes et l'autorisation d'en commettre de nouvelles, nous l'avions absous, et nous avions dit : Faites! Nous? pas tous, mais la majorité. Les étrangers s'étaient indignés de notre luxe, de nos scandales, de notre humeur batailleuse et de notre vantardise; et maintenant que nous étions dans le malheur, comment espérer que la Russie, l'Angleterre, l'Autriche ou l'Italie allaient se lever pour nous? Certains journaux d'outre-mer ne laissaient-ils pas clairement entendre que si la France souffrait, c'était justice? Hélas! oui, la France expiait.

Mais quoi donc, grand Dieu! la France, la France généreuse après tout et malgré tout, châtiée par la Prusse! par la Prusse astucieuse et rancunière, qui depuis soixante ans, au dix-neuvième siècle, dans un siècle de lumière et d'amour, n'avait fait qu'entretenir et prêcher en Allemagne la haine contre nous? par la Prusse hypocrite et lâche qui, n'ayant pas l'audace ou ne voulant pas se donner le tort de nous déclarer la guerre, avait eu l'adresse de se la faire déclarer par un gouvernement inepte dont notre mépris a fait trop tard justice? Quoi! la France insultée, foulée aux pieds, prise à la gorge par Guillaume, ce despote cagot qui bombarde et qui prie, par Bismarck, par de Moltke et par tous ces rois de petit format, ces grands ducs de la roulette et de l'écarté, hiboux et corbeaux qui suivent le vautour, nichée de marcassins qui suivent le sanglier? En vérité, la morale choisit d'étranges vengeurs quand la morale se venge; et l'expiation, puisqu'expiation il y avait, était aussi par trop cruelle!

Les grandes puissances, jalouses de conserver leur neutralité pendant cette effroyable lutte, et néanmoins désireuses, disaient-elles, de nous témoigner quelque sympathie au milieu de nos désastres, avaient chargé M. Thiers de négocier un armistice. « C'est la paix! » disaient déjà les Parisiens.

Ce n'était pas la paix. Le 6 novembre, le bruit se répandit tout à coup que les négociations venaient d'être rompues par le fait de M. de Bismarck. M. de Bismarck consentait volontiers à nous accorder un armistice pendant lequel une Assemblée serait élue par la nation; seulement, il ne voulait pas accorder à la ville de Paris le droit de se ravitailler pour un laps de temps équivalent à la durée de cet armistice. En vain, M. Thiers invoquait-il l'usage, M. de Bismarck répondait toujours : Pas de ravitaillement ! et l'armistice devenait impossible. Décidément, M. de Bismarck se raillait de nous et quelque peu des grandes puissances.

Cette conclusion ne nous surprit qu'à moitié, nous autres mobiles, car nous nous souvenions de Ferrières. « Allons ! c'est la guerre, nous écriâmes-nous, mais, pour Dieu, qu'on la fasse ! »

Et le mardi suivant, comme nous étions dans ces bonnes dispositions, voici que nous nous en allons, munis de nos cartouches, par le rond-point de Courbevoie, du côté du Mont-Valérien. Le fort avait tonné pendant toute la nuit précédente, et pensez les beaux rêves de bataille ! Mais les rêves s'envolèrent bien vite, et le désenchantement vint quand nous nous aperçûmes que notre sortie n'était cette fois qu'une promenade militaire.

Cependant nous ne désespérions pas d'aller

quelque jour à l'ennemi. Nous comprenions qu'à présent la défense devait devenir plus active, plus agressive; nous nous imaginions l'armée d'investissement de Metz accourant sous les forts de Paris ou se ruant sur nos armées de province, nous nous représentions cet immense débordement de l'Allemagne sur la France, et nous nous disions que le général Trochu méditait pour sûr un grand coup. Aussi, lorsque, le 11 novembre, notre commandant fut nommé lieutenant-colonel du 38e régiment, nous pensâmes tous que cela nous annonçait quelque chose. Et le lendemain, à la revue sur l'avenue de Courbevoie, lorsque M. de Courcy passa sur le front de notre bataillon dont le capitaine Guillebaud devenait commandant par intérim, plusieurs d'entre nous trouvèrent qu'il y avait dans l'air comme une odeur de poudre.

Mais l'heure du combat n'était pas encore arrivée; et le 14 novembre, d'après un ordre donné la veille, nous quittions nos cantonnements, et nous nous rendions à la caserne de Courbevoie, où se trouvaient déjà des zouaves et des artilleurs.

Nous nous installâmes du mieux que nous pûmes, c'est-à-dire assez mal. Pas de lits : des planches ou du bitume pour coucher. Quelques-uns d'entre nous, des sybarites, ramassèrent des feuilles sèches, qui leur servirent de matelas. Pas de feu non plus : un poêle par-ci par-là dans les chambrées ; on faisait la cuisine dans la cour.

Ce n'était plus Puteaux, mais c'était toujours la même chose ou, pour dire vrai, c'était pis, car c'était la caserne.

Un jour, le 19 novembre, le bataillon prenait les armes, et sortait, mais à peine s'était-il éloigné d'un demi-kilomètre qu'un contre-ordre arrivait.

C'est à cette date que le capitaine de la 6e compagnie, M. Arnoul, fut élu chef de bataillon à l'unanimité par nos officiers. Cette nomination fit plaisir à tout le monde, car le capitaine Arnoul était considéré de chacun comme un excellent homme [*].

[*] Note VI.

Le lendemain, il y avait revue passée par le colonel Colonieux, remplissant les fonctions de général de brigade. Les trois autres bataillons de Seine-et-Marne et les gardes mobiles du Morbihan s'y trouvaient avec nous. Le général paraissait content, et nous promettait ce que nous attendions depuis si longtemps : une bataille avec l'ennemi.

Le 22, nous allions faire un exercice de tir dans les carrières de Nanterre. Le temps était mauvais, mais le tir était bon.

Qu'on ajoute à cela, pour avoir une idée complète de notre existence, les exercices dans la grande cour, les manœuvres sur l'avenue de Montebello, les travaux à la redoute de Charlebourg, et près du pont de Bezons où, le 25 novembre, on entendait passer parfois une balle, les grand'gardes, les instants inoccupés, les rations de viande qui devenaient de plus en plus petites, les chiens égarés que l'on égorgeait pour augmenter le maigre ordinaire, et la lourde monotonie des jours qui se suivaient gris, ternes, froids, un peu trop semblables les uns aux autres !

Dans nos heures de tristesse, nous parlions du pays, des maisons que les Prussiens n'avaient peut-être pas respectées, des parents et des amis que nous n'étions pas sûrs de retrouver, des semailles qui n'étaient peut-être pas faites. Vainement alors les boute-en-train, les rieurs, les gaillards comme il s'en trouve toujours deux ou trois par escouade, essayaient-ils de plaisanter ; vainement une société musicale formée par MM. de Courcy et Vuaroqueau faisait-elle entendre un de ses chœurs patriotiques*, le garde mobile un tel, fils de fermier, s'obstinait à se rappeler ses belles vaches, blanches, noires et rousses, tandis qu'un autre, un homme marié, songeait silencieusement à sa femme, et qu'un troisième rêvait à son amoureuse. Nous nous souvenions aussi des camarades qui nous avaient quittés huit ou quinze jours auparavant, celui-ci malade de la petite vérole ou de la fièvre, celui-là malade d'ennui.

* Note VII.

Et puis, tout d'un coup, parfois, la bonne humeur revenait, le vent soufflait à l'espérance dans tous les cœurs, on entendait une chanson par ci, des éclats de rire par là. Quelqu'un qui revenait de Paris en avait rapporté des bruits de victoire. Quelque autre avait pu se procurer des journaux : c'étaient le *Petit Moniteur*, le *Petit-Journal*, le *National*, l'*Electeur Libre*, l'*Avenir National*, le *Siècle*, le *Rappel*. On courait aux nouvelles de province. Hélas ! ces nouvelles-là manquaient souvent. Le froid, les oiseaux de proie, les Prussiens se liguaient contre les pigeons voyageurs, nos doux et vaillants messagers. Mais quand, le 15 novembre, nous apprenions la victoire d'Orléans, nous applaudissions Aurelles de Paladines ; et nous disions : « Oui, la France se lève ! » et nous acclamions Gambetta. Nous apprenions aussi que dans Paris les passions politiques s'étaient apaisées, que la confiance renaissait de toutes parts, que le bombardement ne commençait toujours pas, que des souscriptions publiques s'organisaient pour les besoins de la défense, que les théâtres se rouvraient à de certains jours pour offrir au gouvernement des pièces d'artillerie. Dans ces représentations patriotiques, les acteurs, sachant que c'est avec du bronze que l'on fond des canons, récitaient au public des vers de Victor Hugo qui faisaient fureur. Quelquefois, le journal nous donnait des lambeaux admirables de quelque chef-d'œuvre du grand poëte, ou bien c'étaient d'adorables petites odelettes de Banville ; puis encore quelque grand article où l'enthousiasme déborde, où le patriotisme flamboie, où l'on évoque le souvenir des soldats de Valmy, ces héros de jadis, où l'on rappelle la vaillante conduite des habitants de Châteaudun, ces héros d'hier. Nous lisions ces belles choses à haute voix dans les chambrées, et souvent la lecture s'achevait au milieu des bravos. « Et nous aussi, s'écriait quelque conscrit imberbe, et nous aussi, nous combattrons, et nous aussi, nous ferons de l'histoire ! — Oui, oui, disait un autre, et nous vaincrons, et l'on verra ce que peuvent des Français qui défendent leur pays ! » Et les plus ardents, alors, de dresser de concert leur petit plan de campagne, de faire manœuvrer tranquillement, sans avoir l'air d'y toucher, les généraux et les armées, de combiner des mouvements stratégiques d'une audace vraiment incroyable, jusqu'à ce que harcelés, traqués, cernés, accablés et mitraillés de toutes parts, ces *canailles* de Prussiens qui nous envahissaient fussent réduits en une inoffensive capilotade.

« Est-ce qu'on ne leur fera que cela ? demandait quelqu'un.

— On ne leur fera que cela, répondait un autre. Ainsi-soit-il et bonsoir. »

Et tous de rire et d'espérer.

C'est ainsi que nous vivions, tantôt tristes, tantôt joyeux, lorsque, le 25 novembre, nous apprîmes qu'une grande sortie allait être tentée.

Cette fois c'était sérieux, car nos voisins les zouaves et les artilleurs étaient prévenus aussi. Il s'agissait, disait-on, de faire une trouée.

Le régiment de Seine-et-Marne fournissait trois bataillons pour l'expédition projetée : le 1er, le 2me et le 4me. Le bataillon de Melun était de réserve.

Chaque bataillon devait être de mille hommes seulement, mais de mille hommes solides, chaque compagnie de cent-vingt-cinq ; les gardes mobiles les moins robustes, les moins valides, formeraient une compagnie de dépôt.

Nous devions emporter nos effets de campement et six jours de vivres, mais, en revanche, il nous était ordonné de laisser nos couvertures au magasin, ce qui nous ennuyait.

Pendant toute la journée et toute la soirée du 26, une activité sans pareille régna dans la caserne ; et le lendemain matin, un dimanche, sur les dix heures, nos sacs bien lourds bouclés à nos épaules, après avoir serré la main des camarades qui restaient, nous nous mettions en marche au son de nos tambours.

Ce fut, ce jour-là, dans la grande ville un défilé continuel de troupes de toutes armes qui se dirigeaient vers les portes de l'est. La population tout entière se pressait dans les rues, et, silencieuse comme à la veille d'un grand évènement, nous suivait de ses regards et nous accompagnait de ses vœux. Des parents, des amis, des compatriotes, sortant de la foule, venaient nous saluer au passage. Courage et bon espoir ! nous disaient-ils, et nous disions : Cela marchera ; merci !

Le soir, ayant traversé Paris et Montreuil presque tout d'une traite, nous dressions nos tentes dans les terres, non loin de Romainville, auprès d'une redoute qui s'appelait la redoute de la Boissière.

C'est là que le lundi 28, vers la fin de l'après-midi, comme nous venions de plier les tentes pour repartir, nos officiers nous lurent une proclamation du général Ducrot que nous trouvâmes fort belle, et que nous accueillîmes par des cris unanimes de : « *Vive Ducrot ! Vive la République !* »

L'enthousiasme était à peine apaisé qu'un chant s'éleva du bataillon de Meaux prêt à se mettre en marche, un chant fier et superbe. Les vers étaient mal faits, mais la musique était vraiment entraînante, et les dernières notes n'étaient pas lancées que nos applaudissements éclatèrent, couvrant le bruit des voix comme une décharge d'artillerie la fanfare des clairons.

Après quoi, nous nous en allâmes joyeusement camper à la sortie du village de Rosny, au-dessous du fort, dans une plaine où nous arrivâmes par un mauvais chemin de traverse plein de boue et d'ornières. Quand nous nous arrêtâmes en cet endroit, il faisait sombre. Plus tard, le ciel s'éclaircit, mais à ce moment il y avait de la brume dans l'air. A peine distinguions-nous les lignes de faisceaux des bataillons de gardes mobiles qui se trouvaient à notre droite. Pas de feux. Les hommes, sauf ceux qui se levaient et marchaient pour se réchauffer, étaient assis ou couchés à terre : les uns, enveloppés dans leurs toiles de tentes, dormaient, la tête sur le sac ; les autres causaient de la grande affaire du lendemain. Pour nous, gardes mobiles du bataillon de Provins, il était entendu que nous devions aller déjeûner à Neuilly-sur-Marne et coucher le soir à Torcy. C'est dans cette douce pensée que nous passâmes la nuit, ceux-ci, sommeillant et, par conséquent, muets comme des carpes, ceux-là bien éveillés et, naturellement, bavards comme des pies. Cependant pas de cris; on jasait à mi-voix, et le bruit du camp se résumait en une sorte de grand murmure qui s'élevait de la plaine et se confondait avec le silence.

Au petit jour, trois coups de canon partis du fort de Rosny nous semblèrent être le signal de l'attaque ; et nous nous hâtâmes de prendre le café, pensant que nous aurions à nous porter en avant d'une minute à l'autre. Mais, vers huit heures, on nous annonça que, par suite d'une forte crue de la Marne, les pontonniers n'ayant pu jeter leurs ponts de bateaux, l'affaire était différée.

« Affaire différée, mauvaise affaire ! se dit alors en lui-même plus d'un vieux capitaine, tandis que, tout au loin, à deux ou trois lieues de distance dans la direction du sud-ouest, une violente canonnade retentissait *. Maintenant, l'ennemi nous attend. »

Quant à nous, simples moblots, la nouvelle dont on nous faisait part ne manqua point de nous contrarier aussi quelque peu : d'abord, parce qu'en ce temps de crue nous craignions de voir notre bataille tomber dans l'eau, ensuite parce que nous nous étions promis d'aller déjeûner à Neuilly-sur-Marne et coucher à Torcy, choses qui nous plaisaient fort ; mais comme, d'une part, on nous donnait l'assurance que rien n'était changé dans le programme de l'expédition, sinon la date ; comme, d'autre part, nous voyions sans cesse des pièces d'artillerie gravir sur notre gauche la route du plateau d'Avron, nous nous occupâmes gaîment d'élever nos petites maisons de toile en nous disant que nous aurions probablement à les défaire le lendemain, cette malencontreuse crue de la Marne ne devant guère après tout occasionner qu'un retard d'un jour.

C'est en effet le lendemain que s'engagea la bataille.

* Note VIII.

VI

Le 30 novembre, dès six heures et demie du matin, le camp était levé; et dans cette plaine où plus de dix mille hommes venaient de passer une seconde nuit, il ne restait plus que des feux achevant de s'éteindre. Mais à peu de distance de là, de l'autre côté de la ligne de Mulhouse, derrière le remblai qui coupe en cet endroit la vallée de la Marne, une longue colonne de gardes mobiles bretons et briards, s'acheminait à travers champs dans la direction de Neuilly. Le canon tonnait. Les forts et les redoutes de l'est lançaient à qui mieux mieux des obus que nous entendions passer dans l'air à de grandes hauteurs. Des bruits lointains de fusillade nous annonçaient que la lutte était sérieusement engagée. Nous marchions tranquillement, causant et riant, la pipe aux lèvres, et par moments un peu rêveurs.

C'est ainsi que nous arrivâmes à Plaisance, en vue du village de Neuilly qui venait d'être emporté par nos troupes. Nous avions fait halte, et nous écoutions le vacarme de la bataille en attendant qu'il nous fût donné d'y prendre part. Auprès de nous, sur la grande route, et plus loin, sur les bords de la rivière, nous apercevions des caissons et des pièces d'artillerie. Le temps était superbe : l'air était vif, et le clair soleil semblait nous présager une glorieuse journée.

Nous commencions à nous demander si nous allions demeurer là, lorsque enfin les mobiles de Seine-et-Marne reçurent l'ordre d'avancer.

Le bataillon de Provins fut dirigé vers la plaine de Neuilly, au bas du plateau d'Avron ; et les premières compagnies déployées en tirailleurs se portèrent en avant. Les champs que nous traversions offraient à nos yeux un réjouissant spectacle. C'était à se croire en plein pays de Cocagne. Il y avait là des choux dont on aurait offert vingt francs à Paris, des pommes de terre magnifiques à fleur du sol, et des carottes, et des betteraves, et des navets superbes! A chaque pas que nous faisions, des lièvres chassés des bois par les obus s'enfuyaient devant nous par dizaines. Nous aurions volontiers tiré dessus; pourtant, nous résistâmes à la tentation : ce n'était point à tuer des lièvres que nous devions employer nos cartouches, surtout lorsque certain cimetière aux murs crénelés semblait nous promettre un autre gibier, moins inoffensif. Nous continuâmes donc notre chemin, résolûment; mais, à notre surprise, les créneaux demeurèrent muets, et bientôt nous pûmes nous convaincre qu'en dépit de son apparence guerrière, l'enclos funèbre était véritablement un champ de paix. Les Prussiens avaient déguerpi.

Plus loin, dans un petit bois dont il nous avait semblé voir sortir quelqu'un quand nous étions entrés dans la plaine, nous trouvâmes un de leurs postes abandonné, et dans une cahute en planches, le casque et la couverture d'un officier qui les avait oubliés en s'enfuyant.

Cette marche en avant se poursuivit quelque temps encore, puis nous fûmes rejoints par des compagnies de notre bataillon qui venaient nous relever; puis enfin, tous les tirailleurs furent rappelés et nous revînmes sur nos pas. La faim se faisant sentir, nous mangions en marchant des navets crus avec du sel, et c'est ainsi que fut accomplie cette parole : Nous déjeûnerons à Neuilly-sur-Marne.

Pendant toute cette longue promenade, les batteries du plateau d'Avron n'avaient cessé d'envoyer par-dessus nos têtes des projectiles qui s'en allaient éclater sur la rive gauche de la Marne où la fusillade continuait. Des coups de feu s'étaient fait entendre aussi du côté de Ville-Evrard, village vers lequel nous avions vu se diriger notre lieutenant-colonel à la tête d'un bataillon.

Enfin, le combat ne s'était pas ralenti; et nous comprenions qu'une partie sérieuse restait encore à jouer. D'ailleurs nous n'acceptions nos petites émotions de la matinée que comme un prélude.

Il pouvait bien être à peu près deux heures, lorsque, les bataillons de Seine-et-Marne se trouvant de nouveau réunis, le général Colonieux vint nous annoncer que nous étions vainqueurs sur toute la ligne; et presque aussitôt l'ordre nous fut donné de traverser la Marne, ce que nous fîmes avec joie. La canonnade s'apaisait : seules, les pièces qui commandaient les ponts de bateaux, tonnaient encore. On fit halte un instant au bord de la rivière et l'on repartit.

Une demi-heure après, nous arrivions aux approches de Bry, regardant de droite et de gauche les maisons de campagne effondrées. Nous montions au pas de course une côte assez rapide au haut de laquelle se trouve le village. Tout en courant, nous écoutions la fusillade : en haut, sur notre gauche, c'était comme un pétillement terrible, et nous comprenions que si nous tournions de ce côté-là, nous allions être salués de la belle manière. Plus d'un alors se souvint de sa mère et de son village; mais de semblables idées passent vite, car on se souvient aussi de la patrie, et l'on se dit : Faisons notre devoir ; advienne que pourra !

Quand nous fûmes auprès des maisons, on nous fit prendre à gauche. Un petit officier d'état-major qui se trouvait en cet endroit, l'officier d'ordonnance d'un général, nous cria d'une voix joyeuse : « Allons, les amis, la danse commence ! » ce qui lui valut quelques regards farouches. Cependant, nous avançâmes bravement, et c'est alors, quand nous eûmes quitté les abords du village, que commença pour nous la chanson des balles. Une vilaine chanson ! On secoue la tête en entendant pour la première fois ces *psit*, ces *chut* qui semblent vous appeler ou vous commander de vous taire. Malgré cela, nous faisions bonne contenance, et nous nous rendions compte de notre situation. A droite, se trouvaient des hauteurs d'où nous arrivaient en grande partie les balles ; et ces hauteurs, il s'agissait de s'en emparer. Au commandement de : *Tirailleurs, en avant!* nous nous élançâmes, et sans presque répondre aux coups de feu dirigés sur nous, nous gagnâmes les pentes plantées de vignes et d'arbres fruitiers. Les raisins pendaient encore aux ceps et les fruits aux branches. Nous montions d'un bon pas, calmes, le dos courbé sous le sac; et, les balles devenant plus rares à mesure que nous avancions, nous ramassions quelque pomme ou quelque poire dans lesquelles nous mordions pour nous désaltérer. Au loin, derrière nous, de l'autre côté de la Marne, les troupes qui n'étaient pas engagées, nous voyant gros comme des mouches grimper si tranquillement à l'assaut, nous admiraient.

Arrivés à la crête du plateau, nous nous portâmes en avant en ouvrant le feu sur les batteries prussiennes que nous apercevions distinctement à six ou sept cents mètres, et sur des cavaliers et des fantassins que nous voyions se replier en toute hâte sur Noisy-le-Grand. Les mobiles du Morbihan étaient à notre droite, et le bataillon de Provins formait l'extrême gauche de la ligne de bataille. Nous n'avions malheureusement avec nous ni troupes de soutien ni pièces d'artillerie pour appuyer nos mouvements. Cependant nous étions pleins de confiance, et nous tiraillions avec ardeur lorsque, tout à coup, le cri de : Couchez-vous! se fait entendre. Les obus, les boîtes à mitraille pleuvent; c'est un déluge. Quel concert! Les capitaines Havard et Guillebaud, de vieux officiers de l'armée, disaient encore le lendemain qu'ils n'avaient jamais entendu pareille musique. De temps en temps, nous relevions la tête pour lâcher un coup de fusil. Il était évident que la mitraille prussienne qui passait fauchant les herbes ne manquerait pas de faucher les hommes; et nous cherchâmes un abri derrière la crête du plateau. Cependant, plusieurs d'entre nous sont demeurés en avant, et malgré la grêle de projectiles s'acharnent à tirer comme de beaux diables. En continuant le feu, nous risquerions de

nous tuer les uns les autres : Cessez le feu!
nous commande-t-on de toutes parts, et dans
le même instant nous entendons crier, on
n'a jamais su par qui : En retraite! en retraite! Des clairons aussitôt, se mettant à
sonner, répètent le fatal commandement :
En retraite! en retraite! A notre droite, les
mobiles du Morbihan avaient déjà lâché
pied. Alors, nous nous retirons du plateau,
nous abandonnons la crête, nous redescen-
dons la côte; et comme les obus ne cessent
de tomber et d'éclater autour de nous, malgré les voix nombreuses qui recommandent
le calme on se trouble, on prend peur, on
se hâte, on se débande, et... Et les troupes
de réserve qui nous admiraient de loin tout
à l'heure ne nous admirent plus.

Au bord du chemin où nous avions reçu
le baptême de la fusillade se trouve un parc
dans lequel nous nous engageâmes. A ce moment, le général Colonieux cherchait à ral-
lier les mobiles du Morbihan. Tandis que
nous nous avancions dans les sentiers, à travers le taillis, des sifflements passaient dans

les branches. Cela n'était pas fait pour ralentir notre marche, et bientôt nous nous retrouvâmes aux abords du village, au tournant d'une route que nous avions suivie pleins d'espoir cinq ou six quarts d'heure auparavant. C'est en cet endroit que nos officiers s'occupèrent de nous rassembler. D'autres bataillons de mobiles se reformaient à coté de nous. Le soir tombait et le bruit du combat commençait à s'éteindre.

Une fois remis en colonne, le bataillon de Provins encore bien incomplet se dirigea vers la Marne. Nous nous arrêtâmes auprès de la rivière en attendant que l'on nous indiquât un campement pour la nuit. Des artilleurs étaient sur la berge, se chauffant à de grands feux sur lesquels bouillaient des marmites, et qu'on aurait pris pour des feux de joie. Nous regardions ce spectacle d'un œil envieux, car nous étions exténués de fatigue et de besoin : nous avions marché tout le jour, et, sauf les navets crus et les pommes, nous n'avions rien mangé depuis le café du matin.

Et pendant que nous étions là, pâles de lassitude et le ventre vide, nous songions encore à la bataille. Nous entendions notre aumônier dire que, Dieu merci! la victoire était complète, que grâce à des renforts arrivés à la dernière heure le plateau de Villiers restait en notre pouvoir, et que nos troupes allaient coucher sur les positions conquises. On parlait aussi de canons pris à l'ennemi. Peut-être y avait-il un peu d'exagération dans ces renseignements favorables, mais enfin nous avions la victoire, c'était indiscutable*. Notre aumônier, l'abbé Raymond, était un homme grand, à la physionomie tout à la fois énergique et sympathique, à la figure maigre. Il ajoutait que si nous autres, gardes mobiles du bataillon de Provins, nous eussions tenu cinq minutes de plus sur le plateau, l'honneur de la journée eût été pour nous. Un pareil langage nous faisait réfléchir, et nous n'étions pas trop contents de nous-mêmes.

* Notes IX.

Il était certain que nous n'avions été soutenus par aucune artillerie, il était certain que nous ne nous étions retirés qu'après avoir entendu sonner la retraite ; et cependant, nous n'étions pas contents, et nous nous reprochions d'avoir été si vifs à quitter les hauteurs après nous être montrés si braves à les escalader.

Comme nous étions dans ces réflexions, l'ordre nous arriva de retourner au village de Bry où notre lieutenant-colonel et notre commandant veillèrent eux-mêmes à notre installation. Nous entrâmes dans des maisons où les Prussiens avaient laissé des marques évidentes de leur passage, et nous pûmes songer à réparer nos forces.

Au dehors, la nuit était froide et claire : les étoiles scintillaient ; on eût cru qu'elles ouvraient de grands yeux pour contempler les misères de la guerre, pour compter les morts, compter les blessés, et tout redire à Dieu.

Le lendemain matin, vers cinq heures, nous fûmes réveillés par nos officiers qui nous annoncèrent que nous allions repasser la Marne. Plusieurs, par excès de zèle sans doute, nous apprirent en même temps que nous étions cernés par les Prussiens, et qu'il fallait nous hâter si nous ne voulions être bombardés ou faits prisonniers à coup sûr. On se dépêcha donc, et bientôt après nous établissions notre campement sur la rive droite, dans les terres de Plaisance.

En dépit de cette alerte et malgré certaines prévisions la journée s'écoula tranquillement. Les Allemands repoussés la veille ne songeaient pas encore à demander leur revanche. D'un autre côté, nous pensions que l'armée française avait besoin de reprendre haleine avant de finir sa trouée. Pour passer le temps, beaucoup d'entre nous s'occupèrent de recueillir des légumes dans la plaine, en sorte que la soupe fut trouvée très-bonne. Quantité d'autres allèrent visiter le champ de bataille. C'était affreux. Pêle-mêle avec les Prussiens, des zouaves, des soldats de la ligne et des mobiles en grand nombre étaient couchés dans les vignes. Quelques-uns, le fusil encore à la main, le ventre à terre, avaient l'air de garder, sombres tirailleurs, le terrain qu'ils avaient conquis. On les regardait en silence, mais on eût pu crier bien fort et bien longtemps sans les voir se réveiller. En même temps, nous nous informions des pertes de notre régiment, et nous apprenions que les bataillons de Fontainebleau et de Meaux avaient été très-sérieusement éprouvés. Quant au bataillon de Provins, il avait perdu, tués, blessés ou disparus, près d'une vingtaine des siens dans cette première affaire.

C'est le jeu de la guerre de prendre des êtres pleins de sève et de jeunesse pour en faire des cadavres ou des invalides. On peut soulager et récompenser les derniers, on ne pas ressusciter les autres. Que du moins leur mémoire nous soit chère et sacrée! Ceux-là, les inconnus qui succombent pour la défense de leur pays, ont droit à des respects que nos cœurs indignés refusent aux conquérants. Ces inconnus qu'un chiffre désigne dans l'histoire sont immortels et glorieux. Envier leur fin est d'une grande âme.

Mais il est peut-être aussi permis de les plaindre, d'avoir quitté la vie sans en connaître toutes les joies; peut-être est-il aussi permis de penser qu'ils n'étaient pas venus au monde pour en sortir sitôt par la faute d'un Guillaume et d'un Napoléon!

Voilà ce qui vient à l'esprit d'un soldat quand en racontant ses campagnes il se rappelle soudain quelque camarade mort à ses cotés; mais voyant qu'on le regarde et qu'on l'écoute, il sourit de son attendrissement, et d'une voix plus rapide et plus forte, il reprend son récit.

VII

Le 2 décembre — une date mémorable : la date d'Austerliz, victoire de l'oncle ; la date du coup d'Etat, guet-apens du neveu, — le 2 décembre donc, le canon grondait bien fort dès le matin. Les Allemands venaient de prendre l'offensive en attaquant furieusement nos positions. On se battait sur le plateau de Villiers. Depuis Bry jusqu'à Champigny, c'est-à-dire sur une étendue de plus d'une lieue, on n'apercevait que fumée. Les détonations se suivaient rapides et terribles ; la terre en tremblait. Nos troupes pliaient, nous l'avons su depuis ; mais nos forts et nos redoutes commençaient à se mettre de la partie. Nous entendions aussi le craquement de nos mitrailleuses, et, tout en défaisant nos tentes par provision, nous nous disions les uns aux autres : « Hé ! hé ! ça chauffe là-bas ! ça chauffe ! » Déjà depuis longtemps nous avions bu le café ; la soupe se préparait, une bonne soupe au lard avec des choux, des carottes, des navets et des pommes de terre ; on s'en léchait les lèvres à l'avance, quand tout à coup... *Sac au dos ! sac au dos !* les clairons chantent, les officiers commandent : il faut renverser la marmite.

Nous partons. Nous suivons la route de Paris jusqu'à Nogent, nous longeons le bois de Vincennes, et nous arrivons sous la redoute de la Faisanderie qui lance des obus sans discontinuer. En cet endroit, de nombreux gardes nationaux encombrent la voie. Ils ont l'air d'attendre, et regardent au loin les fumées de la bataille. Nous avançons, nous autres, et bientôt nous traversons la Marne à Joinville sur un pont de bateaux.

Après une courte halte dans les terres, le régiment se remet en marche. Nous rencontrons des blessés qu'on ramène. Brancards et voitures passent, et nous continuons notre chemin, nous dirigeant vers le plus fort de la canonnade et de la fusillade. Nous reconnaissons la route pour l'avoir déjà suivie, les champs pour les avoir déjà vus ; nous nous souvenons de la longue étape ! Mais alors, dans cette zone de servitude militaire, il n'y avait pas de maisons en ruines sur notre passage ; alors aussi la campagne était belle, les arbres étaient verts, et les cris des moineaux dans le feuillage remplaçaient la plainte sourde des blessés qu'on emporte.

Tout en rêvant ainsi, nous arrivons en vue du remblai de la ligne de Mulhouse ; et, laissant Champigny sur notre droite, après quelques centaines de pas, nous nous engouffrons sous l'arche du chemin de fer. Au bas du remblai stationnent des troupes de réserve. Sur la voie ferrée sont établies des pièces de canon et des mitrailleuses qui tirent toujours.

Nous avançons encore : balles et bombes sifflent à nos oreilles. Par suite d'un ordre de M. de Courcy, le bataillon de Provins se trouve maintenant en tête du régiment. « On m'a rapporté que dans la journée du 30 le bataillon de Provins avait faibli. Cela ne peut pas être ; je me refuse à le croire. Mais je tiens à ce que vous prouviez par votre conduite d'aujourd'hui que vous êtes des braves et que l'on m'a menti. » Telles sont à peu près les paroles que vient de nous adresser notre lieutenant-colonel. « D'ailleurs, tenez ! ajoutait-il avec véhémence, si vous avez peur des balles, moi, de Courcy, quand nous rentrerons chez nous, dans nos villages, je ne suis plus votre ancien commandant, votre lieutenant-colonel, je vous renie, je ne vous connais plus ! J'ai dit. En avant ! » Et nous marchons comme de vieux troupiers.

La route que nous suivons monte en tournant dans la côte. Le long des talus, des soldats de la ligne s'abritent ou se reposent. Des éclats d'obus parsèment la chaussée. Nous remarquons un pauvre cheval dont le sabot vient d'être enlevé par un projectile. Chaque fois que la malheureuse bête, restée debout, appuie à terre son moignon sanglant, un tressaillement douloureux, un frémissement terrible parcourt ses membres. Cela fait peine à voir et nous détournons les yeux.

Les soldats de la ligne nous regardent défiler, tout étonnés de notre assurance. « Marchez devant, ou faites place ! leur dit M. de Courcy. Faites place aux enfants de Seine-et-Marne ! » Puis, voyant qu'ils ne bougent pas : « Allons, rangez-vous donc ! laissez passer la mobile ! — Allez à la boucherie, vous autres, murmurent quelques-uns d'entre eux. — Gardes mobiles du bataillon de Provins, reprend notre lieutenant-colonel, montrez à ces lignards que vous êtes des hommes ! » Et nous avançons. Et les obus et les balles de siffler de plus belle.

Enfin, au moment où nous atteignons le sommet de la côte, nous nous arrêtons. Une batterie française est là, sur notre gauche ;

elle tire continuellement sur une batterie prussienne qui lui répond. Laquelle vaincra l'autre? C'est à quoi nous n'avons guère le loisir de songer. Vraiment, il était temps, grand temps de faire halte! Les volées de mitraille semblables à des coups de faux passent en diagonale à travers la route, rasant le talus de droite sous lequel nous sommes abrités. Les premiers rangs de notre colonne se sont baissés : lever la tête au-dessus des talus, ce serait vouloir être tué. Par instants, le feu de l'ennemi se ralentit, et les balles se suivent à la file comme des oiseaux; mais aussitôt les grands coups de faux recommencent. Si dans un moment pareil nous eussions débouché sur le plateau, nous aurions été moissonnés par centaines.

Toute chose prend fin : au bout d'un quart d'heure cet orage s'apaise.

« 1re et 2e compagnies, en avant ! » commande M. de Courcy; et nous allons nous placer en tirailleurs dans un champ de vigne à droite de la route.

Déjà nous nous sommes mis à goûter au

raisin; « Commencez le feu ! » nous crie notre brave lieutenant-colonel qui fume sa cigarette. Et notre fusillade éclate, un vrai roulement, un tonnerre, une musique infernale ! Et cependant, dans la tempête de la bataille ce bruit-là ne peut guère compter que pour un bourdonnement, que pour un murmure. De son côté l'ennemi ne paraît pas avoir épuisé sa poudre : des balles passent sur nos têtes, des obus sifflent et, cassant en leur vol les arbres de la route, vont s'abattre au milieu de nos artilleurs qui ripostent. Nous tirons à mille mètres, sur la batterie prussienne, dans la fumée.

C'est à ce moment que le général Trochu vient près de nous et dit à nos camarades restés au haut de la côte : « Allons ! mes braves de Seine-et-Marne, vous voilà sur votre chemin. Dans deux jours, vous reverrez vos familles. »

Dieu vous entende, général ! car si dans deux jours nous revoyons nos familles, c'est que la trouée sera faite.

En attendant, nous continuons de tirailler, et cela durait depuis environ cinq minutes lorsque tout-à-coup la batterie prussienne se tait et se sauve.

Cette fuite est-elle le résultat de notre fusillade? Les uns disent oui, les autres non. Quoi qu'il en soit, la batterie se sauve, c'est l'important.

Là-dessus trois quarts d'heure se passent pendant lesquels le calme renait peu à peu. Alors, les deux premières compagnies sont remplacées par deux autres, et nous revenons nous ranger au talus de la route. De temps en temps des *chut*, des *psit* se font bien encore entendre, mais ce ne sont plus là les rafales de mitraille de tantôt, et l'on y fait à peine attention. Un garde mobile montre à qui veut la voir une balle qui vient de lui mettre en miettes les biscuits qu'il avait dans son sac. « C'était une balle morte, dit-il; autrement, serviteur! c'est moi qui l'étais. » Puis, rebouclant à ses épaules son sac qu'il avait ôté pour examiner le dégât : « Je ne le trouverai plus trop lourd, » fait-il en riant. C'est fort bien. Mais nous tous qui n'avons pas la même raison pour trouver les nôtres légers, nous nous sentons un peu las. Néanmoins nous pensons que des ordres vont arriver pour nous commander d'avancer. Il est quatre heures, et la batterie du haut de la côte a cessé de tirer. Mais les ordres ne viennent pas et nous demeurons là. Il fait un vent très-froid. Le soleil descend, descend, le jour baisse, et nous n'avançons pas. Décidément, ce n'est pas encore aujourd'hui que nous coucherons à Torcy! On grignotte un morceau de biscuit pour prendre patience, et, tout en grignottant, on se rappelle avec mélancolie le repas que l'on n'a pas fait, on parle avec doute de celui que l'on voudrait faire. Et au même instant, par une heureuse inspiration, des hommes se détachent de chaque escouade pour aller *cueillir* des bifteackts auprès de la batterie voisine. Il y a là des chevaux tués dont la chair est encore toute chaude. Merci, Dieu des armées! on se régalera ce soir.

Cependant tout s'est tû : plus de balles

égarées dans l'air; la nuit est venue, la bataille est finie. Les Allemands ont été repoussés et l'on dit que leurs pertes sont très-grandes. Pour l'armée de Paris, cette journée du 2 décembre est une nouvelle victoire. Et demain... Qu'arrivera-t-il demain? Et l'on se prend à rêver.

Enfin, vers cinq heures ou cinq heures et demie, le bataillon fait par le flanc gauche, et se met en marche à travers les champs et les vignes sur le flanc du côteau. Cadavres partout. Il faut souvent se détourner pour ne point marcher sur un mort. Sur divers points, les victimes ont été ramassées et, rangées à la file, elles attendent sous le ciel brumeux le moment de leur inhumation.

Mais voici que le paysage s'éclaire : Dans les pentes de Bry d'innombrables feux de bivouac flambent joyeusement, la fumée s'élève colorée par la flamme, et l'on dirait qu'un brouillard d'or flotte sur la vallée. Nous descendons la côte : zouaves, soldats de la ligne et mobiles s'occupent de leur cuisine ou mangent déjà leur soupe. Nous hâtons le pas, et nous finissons par nous arrêter un peu au-dessous de l'endroit où nous nous sommes battus le 30.

Alors, du bois! vite aux échalas! on allume du feu, on fume sa pipe pendant que la viande cuit, et l'on déjeûne.

Une fois l'appétit satisfait, comme il est déjà tard, les conversations cessent. La nuit est triste et froide. Il tombe un peu de neige. Les couvertures que nous avons laissées à Courbevoie nous seraient bien utiles, mais il faut s'en passer. La plupart d'entre nous dorment, le sac en guise d'oreiller, les pieds à la flamme. Les autres songent ; et, soigneusement enroulés dans leurs toiles de tente, ils attisent le feu qui pourrait s'éteindre.

Tels sont nos souvenirs de la journée du 2 décembre et de la nuit qui la suivit. Un historien militaire les résumerait en vingt lignes pleines de mots techniques ; mais nous autres moblots, nous ne sommes pas des historiens de profession. Nous disons ce que nous avons vu, fait, senti, pensé. Tant pis si par moments quelqu'un nous trouve prolixes. Ce n'est pas notre faute. On sait quand nous parlons que ce sont des Briards et des moblots qui parlent.

Maintenant, continuons.

Le 3 décembre, dès qu'il fit jour, des hommes de notre bataillon désignés pour la corvée s'en allèrent en détachement chercher du vin dans le village de Bry. Tandis qu'on remplissait leurs grands bidons de fer blanc, ils virent la désolation de toutes ces maisons abîmées du toit jusqu'à la cave : les murailles trouées, les fenêtres massacrées, les planchers effondrés, les volets détraqués, les portes branlantes. Puis, à l'intérieur de ces masures ou sur le seuil, étendus parmi les plâtras, les débris de vîtres et les tuiles cassées, quelques malheureux Français et Prussiens en bon nombre. A l'angle d'une rue on avait entassé pêle-mêle, sans doute pour en charger quelque voiture, des sacs et des armes ramassés dans le voisinage ; il y avait abondance de sabres allemands, de casques et de fusils Dreyse.

Vues à cette heure, toutes ces choses vous invitaient à penser que ce n'était pas fini, qu'une troisième bataille allait probablement s'engager, que le soir d'autres villages encore intacts seraient ruinés et d'autres milliers d'hommes par terre. Mais alors la trouée serait faite.

Il n'en fut pas ainsi.

A leur retour au bivouac, les gardes mobiles de corvée trouvèrent la place vide. Le bataillon avait reçu des ordres en leur absence. Et vite, ils se mirent en quête afin de le rejoindre.

Plusieurs compagnies avaient été dirigées sur un parc qu'elles devaient occuper pendant que l'armée effectuerait son mouvement.

Ce mouvement, hélas! nous ne tardâmes pas à le comprendre, ce n'était point la marche en avant, c'était la retraite.

Nous étions donc dans le parc, nous mobiles de la Ferté-Gaucher avec ceux de Provins, ceux de Bray-sur-Seine et ceux de Donnemarie, quand nos hommes de corvée arrivèrent portant leurs bienheureux bidons. Déjà les murs avaient été crénelés ; à défaut d'outils, on s'était servi pour cela de chassepots ensanglantés trouvés dans un coin du taillis ; et sur les hauteurs plantées de vignes, au levant, nous apercevions des tirailleurs. C'étaient des soldats de la ligne et des mobiles, et nous reconnaissions nos camarades de la 7e compagnie. Ils observaient la campagne du côté de l'ennemi. Cela dura toute la matinée. Au-dessus d'eux le ciel s'étendait gris et terne comme par les vilains temps de dégel. Quant à nos autres camarades, les gardes mobiles de la 2e, de la 5e et de la 8e compagnies, ils occupaient des tranchées aux environs. Dans le parc, on faisait la cuisine au pied des murs ; on se régalait de grillades de cheval et de pommes cuites ou crues, on prenait le café. Le vin, ce pauvre verre de vin dont nous étions privés depuis cinq jours, était fêté comme un dieu.

« Ha ! ha ! Mes compliments. L'on n'est pas mal ici, » nous dit notre général de division, le général de Bellemare, qui vint à passer.

Mais quand, dans l'après-midi, les tirailleurs se furent retirés et que les tranchées furent vides, quand nous comprîmes que nous étions seuls, enfermés par la consigne, dans ce parc où l'on s'était déjà battu ainsi qu'en témoignaient non-seulement les chassepots ensanglantés mais encore plusieurs cadavres allemands, seuls en face de l'ennemi qui pouvait d'une minute à l'autre venir nous écraser, cela nous fit quelque chose; nous nous aperçûmes mieux alors de la grande tristesse de la nature aux jours pluvieux de l'hiver, et beaucoup d'entre nous pâlirent.

Toutefois, la première émotion passée, la gaîté fit mine de reparaître. Des gardes mobiles, debout près de leurs créneaux, l'arme prête, échangèrent des plaisanteries tout en surveillant la campagne. — « Anne, ma sœur Anne, ne vois-tu rien venir? » Et l'on riait, peut-être un peu du bout des lèvres, mais l'on riait.

A mesure que la nuit approchait, on sentait le danger grandir. Les officiers se promenaient de long en large, recommandant la vigilance. Vers le soir, quelques-uns d'entre eux : le commandant Arnoul, les capitaines Havard et Perrin, le lieutenant Prieur et deux ou trois autres, s'étant réunis un moment autour d'un bon feu, causaient d'un air tranquille. — « Ça, Messieurs, s'écriait le capitaine Havard, chauffons-nous les pieds et contons des histoires. »

Brave capitaine! Ils étaient comme cela huit ou dix officiers dans le bataillon, qui ne s'effrayaient jamais, et qui, dans les moments les plus critiques, savaient conserver leur sang-froid et même leur gaîté. On les avait vus, dans la journée du 30, pendant l'effroyable canonnade qui nous chassait du plateau de Villiers, on les avait vus, entourés de sous-officiers qu'ils modelaient à leur caractère, retenir leurs hommes à la crête du plateau jusqu'à ce que la nuit vînt mettre un terme à la bataille. On citait particulièrement le capitaine Guillebaud, le capitaine Monin, les lieutenants Deu, Roger, Vuaroqueau, le sous-lieutenant Cotte. A cette occasion, le capitaine Havard seul fut récompensé comme il le méritait : il fut promu au grade d'officier de la Légion d'Honneur; mais nous avons gardé mémoire du courage des autres; ils ont, par leur attitude dans un moment de panique et de danger, garanti contre toute atteinte l'honneur du bataillon, et de cela, qu'ils le sachent bien, nous leur avons su gré, nous leur saurons gré toujours.

Et vous, cher capitaine Havard, lorsque votre pensée se reporte à cette triste journée du 3 décembre, vous rappelez-vous avoir dit en allumant votre pipe cette petite phrase, insignifiante en temps ordinaire, mais charmante de bravoure et d'insouciance en ce moment-là : « Ça, Messieurs, chauffons-nous les pieds et contons des histoires? » Cet incident, ce petit rien, vous l'avez oublié peut-être, mais nous nous le rappelons, nous autres moblots. Ah! c'est que, voyez-vous, d'entendre des officiers parler ainsi dans les heures graves, cela vous ragaillardit le cœur des soldats; et, tenez! personne n'aura de peine à le croire, nous commencions à envisager avec plus de calme notre situation, lorsque, sur les quatre heures, — vous vous en souvenez, — comme l'ombre commençait à descendre dans les branches dépouillées du taillis, un officier à cheval parut aux abords du parc, demanda le commandant, l'entretint une seconde, et repartit. C'était l'adjudant-major Laubry qui nous apportait l'ordre de nous replier.

En un clin d'œil les sacs furent bouclés; et deux à deux, sans bruit, le fusil en bandoulière, nous nous éloignâmes de ce poste dangereux avec une satisfaction visible. Nous nous dirigeâmes vers le village de Bry où nous allions, à notre grande surprise, rencontrer un certain nombre de nos camarades laissés au dépôt de Courbevoie qui venaient rejoindre le bataillon pour combler les vides. On leur serra la main de bon cœur. Puis, ayant gagné la Marne à travers le village, nous suivîmes la rivière jusqu'à la hauteur du pont de bateaux de Joinville. La marche était difficile à cause du chemin rendu glissant par le dégel, et nous étions tristes comme on est toujours quand on bat en retraite ; mais plusieurs, néanmoins, ne pouvaient par instants s'empêcher de sourire.

En quittant le parc, nous avions eu soin de laisser les feux allumés, et nous nous imaginions voir les Prussiens, la nuit close, cerner la position avec précaution, s'en approcher doucement à la faveur des ténèbres, et, le moment de l'attaque venu, s'apercevoir tout à coup que le parc était vide. Oui, cette idée nous plaisait, et nous nous trouvions en quelque sorte dédommagés des craintes que nous avions éprouvées durant l'après-midi.

Au reste, il faut croire que nous l'avions, comme on dit, échappée belle, car en arrivant à Joinville, nous entendîmes des zouaves se dire entre eux que quatre compagnies de Seine-et-Marne laissées en arrière-garde étaient complètement perdues. On pense bien que nous nous empressâmes de les détromper.

A ce moment, l'armée finissait de traverser la rivière. On entendait le roulement sourd des pas sur le pont de bateaux. Chacun se hâtait d'aller chercher son gîte. Nous passâmes à notre tour, c'est-à-dire les derniers, et nous prîmes la route de Nogent. Mais déjà Nogent était plein de troupes; et notre commandant s'apercevant, après quelques recherches, qu'il lui serait impossible de retrouver ce soir-là l'autre moitié du bataillon, dut, malgré la pluie qui s'était mise à tomber, se décider à nous emmener camper dans le bois de Vincennes, aux environs du fort. Arrivés là, beaucoup d'entre nous gagnèrent le village dans l'espoir d'y découvrir un asile pour la nuit. Mais ceux qui demeurèrent dans le bois eurent à se plaindre des rigueurs de la saison. On dit souvent : après la pluie vient le beau temps; cette fois, ce fut la gelée qui vint, une gelée à pierre fendre, et tel qui, au lieu de s'installer auprès d'un feu de bivouac, s'était endormi sous la tente, les vêtements humides de pluie, se réveilla quasi gelé dans ses habits raides de glace *.

Ainsi se terminait pour nous cette grande sortie qui ressemble à l'un de ces drames

* Note X.

que l'on joue sur les théâtres des villes.

Au premier acte, le général Ducrot déclare qu'il ne rentrera dans Paris que mort ou victorieux ;

Au deuxième acte, le combat s'engage, l'ennemi cède le terrain ;

Au troisième acte, les soldats s'entretiennent du succès de la veille et rêvent aux lauriers du lendemain.

Au quatrième acte, la lutte reprend plus acharnée.

Et pendant tout ce temps Paris écoute, Paris espère, Paris croit à sa prochaine délivrance, Paris s'écrie : — « Vivat ! le cercle de fer est brisé ; » et de l'autre côté des lignes ennemies, nos parents, nos amis, nos compatriotes, à nous gardes mobiles de Seine-et-Marne, assistent de l'oreille et du cœur à ces spectacles bruyants et terribles, disant : « Le canon se rapproche. C'est l'armée de Paris. Nos enfants, nos moblots sont là ; ce sont eux qui viennent. Les voilà ! les voilà ! »

Puis le silence se fait, le cinquième acte

commence; le décor est sombre; on dirait que le ciel a envie de pleurer : c'est la retraite.

Avait-on donc reconnu l'impossibilité de franchir les lignes prussiennes? Ou bien le général Trochu savait-il que, la trouée faite, l'armée de Paris ne trouverait pas d'armée de province à qui donner la main? Et craignait-il de nous voir alors écrasés par le nombre? Mystère! Le fait réel, c'est que deux victoires avaient été remportées, vingt mille Allemands tués ou blessés, et que, faute peut-être d'un peu de cette hardiesse de résolution qui constitue à elle seule la moitié du génie des grands capitaines, Paris n'était pas délivré.

Aussi, plus tard, quand la guerre sera finie et que les clameurs et les récriminations s'élèveront contre le gouverneur de Paris, que de railleries et de mots cruels seront en même temps dirigés contre cet autre général qui, après avoir promis de ne rentrer que mort ou victorieux, n'a pas eu la gloire de se faire tuer! Rien de sévère comme l'enthousiasme rentré.

Eh bien! que l'on discute les talents militaires du général Ducrot, que l'on se moque un peu beaucoup de ses opinions monarchiques, et que sempiternellement de cinq ou six belles paroles on fasse, nous comme les autres, une mordante épigramme contre celui qui les a prononcées; naïf qui s'en étonne! Il faut bien que le Français discute et s'amuse. Mais tout cela, cependant, ne nous empêchera pas — est-ce tendresse de soldats pour le chef qui les conduisait au danger? est-ce impartialité? — de sentir au-dedans de nous-mêmes, lorsque la raillerie va trop loin, quelque chose qui proteste.

Dans l'affaire du 30, au moment où notre lieutenant-colonel s'élançait pour la troisième fois avec le premier bataillon contre des murs crénelés, le général Ducrot, arrivant à cheval sous une grêle de balles, se pencha vers notre lieutenant-colonel et, le prenant par le cou, lui dit : « Mon brave de Courcy, vous allez vous faire tous tuer. Il faudrait de l'artillerie. »

Ces deux petites phrases, et particulièrement la dernière, peuvent donner lieu sans doute à divers commentaires; mais il demeure acquis pour nous que le général Ducrot n'avait pas peur des balles, et les généraux font peut-être déjà leur devoir qui savent risquer leur vie comme des soldats.

VIII

Dans la rue principale de Nogent se trouve une grande maison sur les murs blancs de laquelle rayonnent ces trois mots écrits en lettres antiques : *Académie de Paris*. Peut-être, en cherchant bien, découvrirait-on quelque part cette autre inscription plus modeste: *Institution Lebègue-Pontier*. La question est de peu d'importance. Quoiqu'il en soit, c'est dans cette maison, fort bien distribuée d'ailleurs pour recevoir de nombreux élèves, que le dimanche 4 décembre, dans l'après-midi, pendant que les 2e, 4e, 5e, 7e et 8e compagnies achevaient de se loger aux environs, la 1re, la

3ᵉ et la 6ᵉ compagnies du bataillon de Provins s'emmagasinèrent.

C'est bon, après toute une semaine de fatigue et de grand air, de se sentir à l'abri du vent et de la pluie, et de se dire que le soir, avant même que le clairon ait sonné l'extinction des feux, on s'endormira tranquillement couchés sur une paillasse ou sur le plancher, au lieu d'être logés comme des bohémiens à cette vaste et malsaine auberge : l'auberge de la belle étoile.

O chère maison Lebègue-Pontier ! vous pouvez faire des jeunes gens instruits, ébaucher de futurs savants, élaborer des bacheliers ; mais ce jour-là, le 4 décembre, croyez-en des moblots éprouvés par le froid de la nuit précédente — quand vos portes s'ouvrirent devant nous, et que nous vîmes autour de la première cour les salles d'études, les dortoirs et les petites chambres où nous nous entasserions les uns sur les autres, et plus loin la grande cour et le préau couvert où les cuisiniers d'escouades installeraient leurs fourneaux tout primitifs formés de deux pavés, ce jour-là, vous avez fait beaucoup mieux que des bacheliers, vous avez fait des heureux !

Et que des méchants n'aillent pas, à cause de cet élan de reconnaissance, nous accuser d'aimer trop nos aises, d'être des hommes égoïstes et sensuels, incapables de comprendre la beauté de la souffrance endurée pour le pays! Tant que le soldat marche avec l'espoir de vaincre, il supporte patiemment et gaiement la misère ; mais, dès qu'on lui fait rebrousser chemin, de même que le jeune cheval dont on a maîtrisé l'ardeur par quelques heures de charrue flaire de loin l'écurie où l'attend sa litière, il souhaite un bon gîte, il aspire au repos.

Au reste, il n'est pas difficile, et lorsque le gîte est mauvais, il s'en accommode.

Ce fut donc, nous l'avouons, avec un vrai plaisir que nous prîmes possession de nos logements, et si cette joie passagère peut paraître coupable, six semaines de fatigues continuelles ne devaient pas tarder à nous les faire expier. Mais ce fut aussi sans aucun sentiment de tristesse que nous accueillîmes une proclamation du général Ducrot par laquelle on nous annonçait que nous devions nous attendre prochainement à de nouvelles épreuves.

Quinze jours s'écoulèrent dans cette attente. Nogent n'était plus un village, c'était une caserne ; zouaves, artilleurs et mobiles occupaient les maisons, se croisaient dans les rues, échangeaient des bonjours, et, quand ils avaient le sou, fraternisaient le matin après l'appel auprès de quelques pauvres vieilles marchandes de goutte en se racontant les nouvelles. Ainsi, le 7 décembre, on apprenait, grâce à l'ironique obligeance de M. de Moltke qui s'était empressé d'annoncer ce malheur au gouverneur de Paris, que l'armée de la Loire, sous le commandement d'Aurelles de Paladines, avait été défaite le 5, à Orléans. Un autre jour on parlait de la question d'Orient, une question à laquelle on ne comprenait rien, et qui revenait sur le tapis de la politique européenne, un tapis où l'on triche. Un autre jour enfin, il s'agissait de la formation des compagnies d'éclaireurs dans les régiments de gardes mobiles. Éclaireurs! le mot disait la chose : en guerre on ne s'éclaire qu'à coups de fusil. « Ça me va! s'écriait l'un, j'en serai. — Moi, non, » répondait l'autre; et l'on se séparait, celui-ci dans l'alléchant espoir de découvrir par les rues un chat ou un chien qu'il rapporterait triomphalement aux cuisiniers de son escouade, celui-là se demandant s'il n'existait déjà plus dans Nogent un seul jardin à dépouiller de ses derniers trognons de choux.

Presque toujours ces zélés pourvoyeurs rentraient les mains vides. Ils trouvaient leurs camarades occupés : tel à laver sa lessive, tel à tailler sa soupe après avoir rincé sa gamelle, un troisième à nettoyer son fusil, un quatrième à rouler sa couverture sur son sac pour l'appel de midi qui se faisait en armes — on nous avait rendu nos couvertures, — un cinquième lisait, quelques autres causaient mélancoliquement ou bien riaient, chantaient, jouaient aux cartes et se chamaillaient un brin; d'autres encore se détiraient les bras, exhalaient un large soupir et bâillaient. Une atmosphère trouble parfumée de pipe et de cigarette enveloppait ces groupes d'où la bonne humeur et l'espérance n'étaient pas bannies, mais où la nostalgie et le découragement venaient aussi s'asseoir. Il arrivait parfois, quand la chambrée faisait silence, que l'oreille percevait des sons d'orgue ou de piano. C'est que Nogent n'était pas seulement une caserne : grâce à l'empressement que ses habitants avaient mis à déménager, ou bien à l'exiguité des logements de Paris, et grâce au talent de quelques artistes amateurs, soldats ou mobiles, c'était aussi un conservatoire de musique. « Encore, s'exclamait un joueur d'écarté, si les Prussiens étaient à portée d'entendre! Eux qui se flattent d'être bons musiciens — et ils le prouvent par leurs canons Krupp, — nous aurions peut-être la chance de les voir se sauver jusqu'en Prusse ! — Oui, répondait le partenaire, mais ils n'entendent pas, voilà le malheur ! » Cependant, dans un coin, brossant avec rage ses souliers pour les engager à reluire, regardé, envié par plusieurs, un brave garçon, l'air heureux, achevait sa toilette. Il avait obtenu de son capitaine, lui cinquième et dernier *, la permission d'aller passer le reste de la journée à Paris, et le commandant avait apposé son cachet et sa signature sur la permission. Quel plaisir ! Il allait partir, arriver en cinq ou six quarts d'heure aux fortifications, et franchir ce pont-levis et cette porte que les gardes nationaux ne vous laissaient franchir qu'à bon escient. Puis il irait embrasser un parent, lui dire : « Me voilà ! je ne suis pas mort, » et dès la tombée de la nuit, il reviendrait bien vite avant la fermeture des portes, avec de l'argent dans la poche et de la joie dans le cœur. Enfin, c'était fini, ses guêtres étaient bien lacées, ses cheveux peignés, son képi brossé, ses mains propres. Il partait, et alors : « Bon voyage, lui disait-on. Rapporte-nous du pain blanc s'il en reste encore. — Rapporte-nous un journal, lui criait le lecteur.

* Note XI

Nous voulons être éclairés sur la situation.
— Oui, oui, reprenait un plaisant qui se croyait spirituel, et nos éclaireurs qu'on organise ne nous suffisent pas. »

On organisait en effet les éclaireurs.

C'est le 10 décembre que fut formée la compagnie dans notre bataillon. Le lieutenant Vuaroqueau devait la commander. Chacun des capitaines demanda d'abord douze volontaires, et si tous ne virent pas leur demande chaudement accueillie, plusieurs du moins eurent à choisir entre les hommes de bonne volonté qui se présentèrent. Les éclaireurs portaient pour insigne un galon rouge au bras, ce qui donnait à chacun d'eux l'air d'être quelque chose comme une moitié de caporal *. Malheureusement, au bout de quelques jours, on réduisit à quatre le nombre des volontaires à fournir par chaque compagnie, et ce fut — n'est-ce pas, camarades ? — un vrai crève-cœur pour certains d'entre nous qui s'étaient habitués à la pensée de découdre des Prussiens de

* Note XII.

n'avoir à découdre que leurs galons rouges.

Ces éclaireurs ou francs-tireurs, comme on voudra dire, ont rendu de grands services en diverses occasions, mais l'organisation en fut modifiée, et le lieutenant Vuaroqueau qui commandait les nôtres devint officier d'ordonnance du général Fournès.

Tandis qu'on s'occupait ainsi de former des détachements d'hommes résolus pour inquiéter et reconnaître l'ennemi, les Allemands reprenaient tranquillement possessions de leurs anciennes positions sur la rive gauche de la Marne.

De la gare qu'occupait un poste d'une compagnie, poste relevé toutes les vingt-quatre heures, par un temps de neige, avec de bons yeux, il n'était pas rare de les apercevoir qui se glissaient comme des ombres entre les arbres de la côte, au fond de l'horizon. Plus d'une fois même, les sentinelles placées sur le viaduc dont on avait fait sauter les principales arches, crurent voir remuer dans son trou, sur l'autre bord de la rivière, quelque sentinelle ennemie.

Le 15 décembre, le fort de Nogent et les autres forts de l'est envoyèrent des coups de canon sur les hauteurs, puis ce fut tout; mais il nous paraissait évident qu'on ne s'en tiendrait pas là, et qu'un beau jour, on nous ferait de nouveau traverser la Marne pour aller prier ces messieurs de déguerpir au plus vite.

Le 18, un dimanche, nous crûmes que le moment était arrivé. Tout remuait dans Nogent comme à la veille d'un départ. On ne voyait que caisses de biscuits, de cartouches, sacs de riz et tonneaux de viandes salées passer dans les rues, et — présage certain de quelque nouvelle affaire à laquelle nous prendrions part — le bataillon de Provins reçut des vivres pour six jours.

On ne bougea cependant pas le lendemain. Seulement chacun s'occupa de faire son sac, de graisser ses souliers, de nettoyer son chassepot, disant : « C'est pour demain. »

Et le mardi 20 décembre, effectivement, sur les dix heures du matin, au moment même où des gardes nationaux arrivaient de Paris pour prendre possession de nos logements, le 38ᵉ régiment de gardes mobiles composé des 1ᵉʳ, 2ᵉ et 4ᵉ bataillons de Seine-et-Marne, se trouvait rassemblé, prêt à se mettre en marche, au lieu ordinaire de nos appels, à l'entrée de la rue principale du village. Notre vieux colonel Franceschetti, et notre lieutenant-colonel de Courcy qui venait d'échanger sa croix de chevalier de la Légion d'Honneur contre une croix d'officier, étaient là, à cheval, se montrant satisfaits de notre bonne tenue.

Notre départ fut quelque peu retardé par le défilé de l'artillerie qui montait au galop vers le fort, et de là se dirigeait par la route stratégique vers Rosny. Nous comprîmes alors qu'à moins que ce mouvement ne s'exécutât pour tromper l'ennemi, la bataille, si bataille il devait y avoir, ne se livrerait pas cette fois sur les bords de la Marne. Notre doute allait bientôt se changer en certitude. En arrivant à Rosny, au lieu de tourner à droite et de descendre par la grande rue de l'église du côté de la mairie, comme nous avions fait le 28 novembre après la fameuse proclamation du général Ducrot, nous tournâmes à gauche, nous dirigeant vers Noisy-le-Sec.

Une heure après, nous formions les faisceaux dans la plaine de Merlan, au-dessous de la redoute de la Boissière, auprès d'une ferme dont nous n'avons jamais guère su le nom. Les mobiles du Morbihan et les zouaves étaient campés à côté de nous. Ces derniers, pour lesquels nous avions toujours eu beaucoup de sympathie, allaient être désormais pour nous des camarades. Nous savions en effet que le 38e régiment provisoire prenait dans la brigade Fournès dont les zouaves faisaient partie, la place d'un régiment de ligne, le 136e, qui prenait la nôtre dans la brigade Colonieux. La nouvelle de ce changement survenu depuis plusieurs jours avait été accueillie chez nous avec beaucoup de satisfaction par les uns, et sans déplaisir par les autres. Et comme nous venions de rompre les rangs après avoir formé les faisceaux : « Ma foi, vivent les zouaves ! dit un caporal qui les avait regardés en passant.

En marchant avec eux, peut-être aura-t-on plus souvent l'occasion de récolter des coups de fusil, mais du moins on n'aura pas le loisir de s'ennuyer. » Réflexion plus sérieuse et plus profonde qu'elle n'en a l'air, car pour ne pas expédier les gens aussi vite l'ennui tue tout aussi bien que les balles.

C'était un de ces jours d'hiver sans pluie et sans soleil. La terre était humide, mais le temps était doux. On dressa les tentes ; et comme il y avait de la paille et des herbes sèches aux environs, nous nous en servîmes pour tapisser l'intérieur de nos légères habitations. Le soir, on mangea la soupe en causant autour du feu ; on causa même assez gaiement, puis on rentra se coucher douillettement dans sa couverture sur la bonne litière. Pas tout le monde, cependant. Il y a toujours dans une troupe des hommes qui trouvent du plaisir à veiller, la pipe à la bouche, les pieds sur les tisons. Il faut dire aussi que l'aspect d'un camp la nuit, quand brûlent les feux de bivouac, est éminemment pittoresque. Les lueurs de tous ces foyers dont la flamme s'abaisse ou grandit pour, faute d'aliment, arriver enfin à s'éteindre; les factionnaires qui se promènent, et qui de loin, dans leurs longues capotes, ressemblent à des personnages fantastiques; les faisceaux de fusils qui brillent ou disparaissent suivant qu'un rayon les éclaire ou que la nuit les enveloppe; tout ce mélange d'ombre et de lumière est certainement fait pour parler à l'imagination. Et quand on songe que de tous ces hommes qui dorment sous leurs tentes et qui demain matin répondront à l'appel, beaucoup peut-être ne pourront plus dire : *Présent!* demain soir, le tableau que l'on a sous les yeux se revêt d'une sorte de grandeur calme qui vous pénètre et vous émeut jusqu'au fond de l'âme.

Mais silence! voici que l'ombre est plus noire: les veilleurs eux-mêmes se sont retirés sous la tente. Hormis les sentinelles, tout dort. Dormez encore, jeunes gens, oh! dormez bien, dormez d'un sommeil profond et sans rêves! Bientôt, sentant l'approche du matin, les plus alertes se réveilleront, et la lumière des feux de bivouac rallumés par leurs soins papillonnera de nouveau sur la toile des tentes. Alors, debout tous! Au café! au café! Car c'est lui, le café, tout frais infusé dans la marmite fumante, qui répand son parfum à la ronde. La distribution commence, et l'on boit la liqueur fortifiante en mangeant un éclat de biscuit. A bas les tentes maintenant, et vite! Il fait encore nuit, mais tout à l'heure le jour va poindre. On entend le roulement des pièces d'artillerie sur les routes; les zouaves sont déjà partis, et les francs-tireurs les avaient précédés : allons, dépêchons! Le clairon sonne. Sac au dos! *Présent, présent, présent!* l'appel est fait; et l'on se met en route. Des coups de fusil pétillent au loin. Le ciel blanchit là-bas, là-bas du côté de la Brie... Pressez le pas, jeunes gens, allez à la bataille.

Etrange puissance du souvenir! ces tableaux, ces scènes sont devant nos yeux, ces impressions, ces émotions, nous les ressentons encore. Un mot, une date même suffit pour évoquer toutes ces choses passées, car c'est ainsi que commença pour nous le 21 décembre.

Nous étions donc en marche avant le jour, et nous allions dans la direction des coups de feu que nous avions entendus.

Après avoir traversé la ligne du chemin de fer de Mulhouse et celle de Strasbourg, nous arrivâmes auprès d'un village en ruines où des soldats du génie établissaient des batteries, et construisaient des barricades : ces ruines, c'était Bondy. Ayant passé le canal, nous continuâmes notre route dans la direction du Bourget. Mais à la hauteur de Bobigny, on nous commanda : Halte ! et pendant que le général Fournès donnait ses instructions à notre colonel, le régiment put se reposer un peu.

Le général s'était à peine éloigné que nous nous remettions en mouvement, et que, tournant le dos à Bobigny, nous allions former nos faisceaux et mettre sac à terre dans le voisinage du Drancy, à six ou sept cents mètres de l'endroit où nous nous étions d'abord arrêtés.

Nous restâmes là toute la matinée, brûlant des herbes et fumant des pipes pour nous réchauffer. Les zouaves se trouvaient à quelque distance sur notre droite, et s'impatientaient déjà de leur inaction. Cependant, à moins d'une lieue sur notre gauche, par devers le Bourget, le canon retentissait depuis le matin, le fort d'Aubervilliers grondait, hurlait, faisait tapage ; et par moments aussi, des bruits sourds et lointains semblaient lui répondre comme un écho. C'était le Mont-Valérien, son grand frère, qui tonnait pour appuyer sans doute quelque attaque de diversion. Car la véritable bataille, à notre idée, devait être celle qui se livrait de notre côté. Il suffisait d'ailleurs, pour en juger, de voir les nombreuses pièces d'artillerie qui se suivaient à la file sur la route du Drancy et prenaient position dans la plaine. On ne fait pas de semblables préparatifs sans avoir de grandes intentions.

Il était à peu près onze heures ; la canonnade paraissait vouloir cesser sur notre gauche, de nouvelles batteries s'établissaient en face de nous dans un parc voisin du village, et nous nous demandions par quoi tout cela finirait, lorsque l'adjudant-major Laubry, se séparant de notre colonel et de notre lieutenant-colonel, accourut vers nous, et s'adressant à notre commandant lui demanda cinq cents hommes pour le travail. Cela nous fit ouvrir les oreilles; nous avions assez d'expérience pour savoir que ce mot de travail, les jours de combat, est le plus souvent synonyme de danger. N'importe, nous étions prêts.

Aussitôt, sur l'ordre du commandant, les cinq premières compagnies du bataillon se rassemblèrent; ce fut un brouhaha d'un instant, puis nous partîmes. Nous eûmes seulement le soin de laisser, ainsi que nos officiers nous en donnaient le conseil, le cuisinier de chaque escouade pour faire la soupe. Beaucoup d'entre nous se demandèrent certainement alors s'ils auraient l'avantage de vivre assez longtemps pour la manger. Pauvre nature humaine! si brave que l'on soit, il vous vient parfois à l'esprit des pensées de doute et d'inquiétude du genre de celle-là.

Ce qui nous étonnait un peu dans ce départ pour le travail, c'était de nous voir nous en aller sans armes, les bras ballants, comme en temps de paix les ouvriers s'en vont à leur usine ou les fermiers à leurs champs de blé. Quelques-uns même ne purent s'empêcher de témoigner à haute voix leur surprise à cet égard. « Marchons, marchons ! » leur fut-il répondu. Mais un moment après, comme nous approchions d'une ferme vers laquelle on nous dirigeait, nous fîmes la rencontre d'un général qui, sachant fort bien pourquoi nous venions, nous renvoya lestement chercher nos fusils. Ce fut l'affaire de dix minutes : on rebroussa chemin en courant, on rompit les faisceaux, et l'on s'en revint vivement jusqu'à la ferme auprès de laquelle étaient arrêtées de grandes voitures chargées d'outils qui nous attendaient. Cette ferme, située au bord d'une route, à quelques centaines de mètres au levant du Drancy, s'appelle la ferme de Groslay.

Dès la pointe du jour, les francs-tireurs de la division s'en étaient emparés à coups de fusil. Maintenant, ils étaient là, dans la cour, qui se reposaient et nous regardaient. Nos camarades, les éclaireurs du bataillon, se trouvaient naturellement dans le nombre. Voyant qu'on allait nous distribuer des pelles et des pioches, et que de toutes parts le canon se mettait à tonner dans la plaine, plusieurs d'entre eux s'approchèrent et nous souhaitèrent bonne chance.

La distribution commença. Celui qui, le premier, tendit la main pour recevoir un outil, ce fut l'abbé Raymond, notre aumônier. Et lorsque, presque au même instant, guidés par un caporal du génie, nous nous éloignâmes, le fusil en bandoulière et la pelle ou la pioche sur l'épaule, pour aller creuser une tranchée en avant des batteries françaises et sous le feu des batteries prussiennes, celui qui se mit en tête de la colonne, marchant gaillardement, sans se baisser au passage des obus, courageux simplement et sans forfanterie, digne en un mot de nos meilleurs officiers et de nos meilleurs soldats, ce fut encore notre aumônier. C'était décidément, sous sa robe noire, un très-brave homme et un homme très-brave que notre aumônier.

Et maintenant, si quelqu'un veut connaître un endroit où des ouvriers aient travaillé chacun comme quatre, sans avoir pour cela l'espoir de voir augmenter leur salaire, nous lui dirons que c'est là, dans cette plaine qui s'étend entre la ferme de Groslay et la ligne du chemin de fer de Soissons, au levant du Drancy.

En quittant la ferme, nous avions traversé la route et longé la petite futaie de grands peupliers que l'on aperçoit de l'autre côté. Hélas! c'est au pied d'un de ces arbres qu'un de nos camarades du canton de La Ferté-Gaucher, caporal à la 5ᵉ compagnie, devait tomber en ce jour frappé mortellement. Puis, nous avions débouché sur un chemin que nous avions franchi dans sa largeur tandis que, des hauteurs qui s'élevaient à moins d'un kilomètre sur notre droite, les Prussiens nous saluaient à coups d'obus comme les gens polis vous saluent à coups de chapeau. A quelques centaines de pas plus loin, notre guide, le caporal du génie, arrivé près de la voie du chemin de fer, s'était arrêté. Sur tout notre parcours, la tranchée devait être établie. Seulement, la tâche avait été partagée : les mobiles bretons avaient à creuser la partie voisine de la route et nous avions le reste. Au commandement de : *Halte !* nous posâmes nos fusils à terre ; puis, faisant demi-tour à droite, la face tournée vers l'ennemi, nous commençâmes à travailler.

Jamais, non, jamais on n'a vu remuer la terre avec un entrain pareil. « Hardi ! les enfants, » criait notre aumônier en donnant de vigoureux coups de pioche avec ses mains blanches. « Dépêchons ! dépêchons ! » répétaient nos officiers et nos sous-officiers qui, pour la plupart, faisaient très-bonne contenance. Et pelles et pioches d'aller avec une activité qui n'avait d'égale que celle de nos artilleurs et celle des artilleurs ennemis.

Nos petites pièces de sept, des pièces récemment fondues et se chargeant par la culasse, élégantes et légères, jaunes comme de l'or, des bijoux enfin, de vrais bijoux, semblaient tout heureuses d'exercer leur voix : *Bzinn! bzinn!* cela sonnait! comme des cymbales. Les canons prussiens, avec leurs *boum! boum! boum!* stupides, faisaient la grosse caisse. Et nous, les moblots, nous étions comme les chevaux du manége que la musique anime.

De temps à autre, des obus tombaient sur notre ligne, mais, grâce à la nature du sol, beaucoup n'éclataient pas. C'était un terrain meuble reposant sur une profonde couche de sable; ce qui facilitait singulièrement le travail. Nous n'étions pas à la besogne depuis dix minutes que déjà le fossé, surmonté des terres du déblai rejetées du côté de l'ennemi, nous offrait un abri suffisant; et quand, au bout de quelques instants, nos officiers nous dirent : « C'est bien, c'est assez, » la tranchée ne mesurait pas moins d'un mètre de profondeur sur quatre-vingts centimètres de largeur et trois cents pas environ de longueur.

Et voilà de quoi sont capables les paysans de la Brie, ces travailleurs intrépides, lorsqu'il s'agit d'une tâche périlleuse à remplir, et lorsqu'en accomplissant promptement cette tâche, ils courent la chance de plaire à ceux qui les commandent, et celle, non moins tentante pour eux que pour d'autres, de préserver leur peau.

On rit? Nargue des rieurs; il aurait fallu les y voir! Ils n'auraient probablement pas ri dans ce moment-là.

La besogne faite, on respira. Le combat continuait, toujours plus violent, entre nos batteries et celles de l'ennemi. Ce n'était plus de l'entrain, plus même de la fureur, c'était de la rage. On était bien, dans la tranchée, pour regarder cela. Le ciel, débarrassé des brumes qui l'avaient obscurci durant la matinée, étendait un moment sur la lutte son manteau de fête, son beau manteau bleu que rien au monde, pas même les canons Krupp, ne saurait déchirer. Les Allemands ne tiraient plus sur notre ouvrage qu'à de rares intervalles, comme pour l'acquit de leur conscience. Et le duel, un duel à douze cents mètres, à bout portant, se poursuivait fiévreux entre nos artilleurs et les artilleurs ennemis. Les projectiles se croisaient en sifflant au-dessus de nos têtes; on les entendait s'abattre, éclater, tantôt sur la côte chez les Prussiens, tantôt dans la plaine chez nous; puis le craquement de nos mitrailleuses se faisait entendre du côté de la ferme ; et les Prussiens, du haut de leurs redoutes bien établies, répondaient à toutes nos batteries obligées sans cesse de changer de place : une détonation de l'une de nos pièces n'était pas achevée que la riposte arrivait, souvent suivie d'une autre ; parfois, des chevaux, des hommes tombaient ; c'était émouvant et terrible ; et l'on devinait déjà comment se terminerait ce combat d'obus et de fumée qui ne tuait peut-être pas, en définitive, beaucoup, beaucoup de monde, et qui, pourtant, à force de bruit, se donnait des airs de grande bataille.

Nous demeurâmes dans la tranchée environ trois heures. Puis, nos compatriotes, les gardes mobiles du 1er bataillon, arrivèrent pour nous relever. A ce moment, la canonnade commençait à perdre beaucoup de son intensité : mais néanmoins, quand il fallut sortir de cette tranchée où nous étions dans une sécurité presque complète, un sentiment d'hésitation se manifesta parmi nous. Les salutations prussiennes étaient encore trop récentes pour être oubliées, et personne, que nous sachions, n'a jamais trouvé grand charme à recevoir, sans pouvoir y répondre, de ces salutations pas du tout angéliques.

Cependant, nous partîmes; et, naturellement, les obus arrivèrent. Il n'en résulta rien, qu'un peu de désordre dans les rangs. En passant auprès des mobiles bretons, nous vîmes que leur travail, en beaucoup d'endroits, était à peine ébauché. Soit qu'ils eussent, moins favorisés que nous, rencontré des difficultés dans la nature du sol qu'ils avaient à creuser, soit que, plus inquiétés que nous par les projectiles, ils n'eussent pas déployé la même ardeur, peut-être par ces deux raisons, ces rudes enfants de la vieille et naïve Bretagne n'avaient pu se créer un abri suffisant contre les coups de l'ennemi. Conséquence : des blessés et des morts.

Au reste, la plaine, sur ce point comme sur plusieurs autres, témoignait hautement de l'acharnement de nos adversaires. Ce n'étaient que trous d'obus; un champ de luzerne était entièrement retourné.

Ces remarques et d'autres semblables, faites en marchant, ne nous empêchaient point d'avancer d'un bon pas; tout au contraire, et moins d'un quart d'heure après avoir quitté la tranchée, nous avions le plaisir de rejoindre enfin le reste du bataillon.

Plusieurs fois pendant notre absence, nos camarades les gardes mobiles des trois dernières compagnies avaient changé de place; eux aussi pouvaient affirmer qu'ils avaient entendu la mort siffler en passant auprès d'eux, et, malheureusement, les cuisiniers que nous avions laissés pour préparer la soupe pouvaient en dire autant. On comprend qu'en de telles circonstances, beaucoup de marmites n'aient pas été traitées avec le soin et le respect que méritait leur contenu, tout maigre qu'il était; et c'est pourquoi, cette fois encore, beaucoup d'entre nous déjeunèrent par cœur.

D'ailleurs, la retraite commençait ; un brouillard intense s'élevait sur la plaine, et notre artillerie elle-même n'allait pas tarder à se replier. Le bataillon de Provins se mit en mouvement comme les autres; et, malgré les haltes et les retours offensifs, accompagnements obligés de toute retraite, nous arrivions à la nuit tombante auprès de Bobigny.

C'est là que le régiment reçut l'ordre de s'arrêter et de mettre sac à terre pour la nuit. Douloureuse perspective pour des conscrits à jeûn que celle de camper en plein air, et justement la nuit la plus longue de l'année ! Cependant on s'empressa d'obéir ; mais, sitôt les faisceaux formés, bon nombre de mobiles, sous prétexte d'aller chercher du bois, se réfugièrent dans le village. Il est vrai et il convient d'ajouter bien vite que nous nous trouvions en troisième ou quatrième ligne, et que dans nos cinq mois de campagne pour la défense de Paris jamais l'hiver ne se fit sentir aussi vivement, aussi rudement que cette nuit-là. Le thermomètre descendit à dix-huit degrés ; mais ce qu'il y avait de plus dur, de plus cruel, c'était la bise, une bise âpre et mordante ; il vous semblait que cette bise vous soufflait des aiguilles de glace dans la peau.

Durant huit jours, à partir de cette date, le froid sévit rigoureusement et chacun peut juger des souffrances des pauvres soldats. C'est aux avant-postes surtout qu'il fallait voir les ravages exercés par l'hiver ! Quand on campe à portée d'un village en arrière des premières lignes, on peut se permettre de se chauffer : Alors, faute d'autres combustibles, on s'empare des solives d'un hangar, des palissades d'un jardin, de la porte d'une

étable, du volet d'une maison ; on casse les branches d'un arbre fruitier : le bois du prunier, par exemple, brûle très-bien ; on met au feu tout ce qui flambe ; les croix de bois du cimetière et les couronnes d'immortelles ne sont pas même épargnées ; et si quelqu'un crie à la dévastation ou au sacrilège, on a le droit de lui répondre en lui montrant les ravages des obus : « Est-ce qu'on dévaste des ruines ? » ou bien : « Les morts sont morts ; tâchons de conserver les vivants » ; c'est triste, c'est épouvantable, mais enfin cela est ainsi ; on ne peut pourtant pas laisser mourir de froid ceux qui seront peut-être appelés à combattre demain !
— Mais aux avant-postes !... Voyez-vous ces sentinelles condamnées par leur devoir même au silence, à l'immobilité ? L'homme énergique résiste au froid qui l'assaille, il bouge, il se remue juste assez pour ne pas geler et pour ne pas enfreindre la consigne. Mais l'homme faible, ennuyé ? celui-là sent que le froid le gagne et que la circulation s'arrête dans ses veines, cependant il se

laisse engourdir, et quelquefois, lorsque le caporal vient relever la sentinelle, le caporal ne trouve à relever qu'un cadavre. « Encore un de moins. Pauvre garçon ! » et voilà l'oraison funèbre. A quoi bon s'attendrir d'ailleurs ? C'est par centaines que dans cette terrible semaine qui suivit le combat du Drancy l'on compta les malheureux soldats gelés aux avant-postes.

En apprenant ces faits lamentables, et même avant de les connaître, dès qu'ils virent le thermomètre baisser, les Parisiens s'émurent : des souscriptions s'ouvrirent ; des bourgeois, des négociants offrirent : les uns de fortes sommes, les autres des quantités considérables de marchandises ; les magasins de bonneterie furent pour ainsi dire dévalisés et mis à sac au bénéfice de l'armée ; on distribua de tout : des bas, des chaussettes, des gants, des caleçons, des tricots, des ceintures et, nous a-t-on dit, jusqu'à des chemises de flanelle ; on imagina même de faire circuler dans la zone des avant-postes d'ingénieuses voitures qui confectionnaient et distribuaient chaque nuit des milliers de tasses de thé : une tasse de thé bouillant et sucré quand le vent souffle, cela ranime le soldat qui grelotte; enfin, cette fois encore, les Parisiens furent les Parisiens, c'est-à-dire des hommes de bon cœur et de bonne volonté. Mais, hélas! dans une ville investie, comment satisfaire, et satisfaire promptement aux besoins de toute une armée? Comment offrir un adoucissement vraiment efficace à toutes les souffrances? C'était impossible! Il aurait fallu commander aux vents et à la tempête, et malheureusement les Parisiens ne pouvaient empêcher le froid de sévir ni la bise de souffler.

Ah! l'hiver, en temps de guerre, est un terrible ennemi.

Eh bien! ce qui nous fit plaisir, à nous, en cette saison rigoureuse, ce fut de voir que nous avions quelqu'un dans Paris qui s'intéressait au bataillon de Provins; ce fut de voir que ce quelqu'un, qui nous avait donné des marques de sa sympathie dès le commencement de la campagne, ne nous avait pas encore oubliés, et qu'au contraire il nous suivait des yeux et voulait continuer d'être pour nous une sorte de Providence ; oui, cela nous fit plaisir, cela nous consola quelque peu de nos misères, et lorsqu'un beau jour, à Montreuil, nos caporaux nous remirent des bas, des chaussettes et des gants de laine en nous disant : « C'est un don de M. Henri Greffulhe », nous aurions voulu lui dire, à cet excellent M. Greffulhe, ce que nous lui disons aujourd'hui, franchement, en vrais paysans que nous sommes : « Monsieur le comte Greffulhe, vous êtes comte et millionnaire ; peut-être vos opinions ne sont-elles pas les nôtres, mais cela ne fait rien, allez ! Nous vous aimons bien, et vous êtes un brave homme ! »

Mais nous n'en sommes pas encore à raconter notre séjour à Montreuil, revenons donc, contents de nous être acquittés d'un devoir que nous dictait la reconnaissance, à notre campement de Bobigny.

Si lente que soit à s'écouler une nuit de 21 décembre le jour arrive enfin, et le jour arriva. Alors, l'un après l'autre les faisceaux furent rompus et le bataillon se dispersa dans le village. Nos officiers supérieurs : le colonel, le lieutenant-colonel et le commandant se promenaient par les rues, engageant vivement les gardes mobiles qu'ils reconnaissaient à se caser quelque part jusqu'à nouvel ordre. Chose difficile ! car les maisons regorgeaient de troupes, et dans l'église même, où se mêlaient agréablement les hommes et les chevaux, des soldats faisaient bouillir leur soupe.

Enfin, la journée se passa tant bien que mal, plutôt mal que bien.

Mais vers le soir, au moment où la plupart d'entre nous se réjouissaient intérieurement d'avoir découvert un coin pour se reposer, nous entendîmes tout à coup le refrain du bataillon. C'étaient nos clairons qui sonnaient l'assemblée au pas gymnastique. Le régiment se transportait à Merlan où toute la brigade devait être cantonnée. Nous arrivâmes à la nuit. On se logea comme on put ; des escouades entières trouvèrent le moyen de dormir dans des espaces de quinze mètres carrés. On était du moins à l'abri ; c'était l'essentiel.

Le 23, à notre réveil, nous apprîmes que nous étions désignés pour être de grand'-garde. A dix heures, nous nous mettions en marche, et après avoir fait halte au bord du canal, nous allions occuper avec les zouaves une tranchée qui se trouvait un peu plus loin, dans la plaine qui s'étend entre Bondy et le Drancy. C'était un fort bel ouvrage que cette tranchée régulièrement creusée, avec son solide épaulement ; on devinait, à la voir, que les soldats du génie avaient passé par là. Avec des chassepots, des cartouches et de la résolution, les Français les moins aguerris auraient pu de là-dedans tenir en échec des Allemands quatre ou cinq fois supérieurs en nombre. Nous n'eûmes à combattre que l'onglée, et ces vingt-quatre heures de grand'garde ne présentèrent d'autre incident remarquable que les détonations de pièces de marine qui, placées non loin de nous sur la route, lançaient de gros projectiles pour inquiéter les travaux de l'ennemi.

Le 24, dans l'après-midi, nous rentrions à Merlan, et quelques-uns proposèrent alors de faire le réveillon. Un litre d'eau-de-vie et un quarteron de sucre brûlés ensemble dans une gamelle, ce fut le meilleur de la fête pour les escouades les plus riches; et plus d'un honnête garçon, en buvant sa goutte de punch dans son gobelet d'étain, se rappela les joyeuses parties faites en famille au temps jadis, avant la guerre, en attendant que sonnât la messe de minuit. Mais si l'on pensait au village, on n'en parlait presque plus : craignant d'attrister ses camarades, chacun gardait prudemment ses réflexions pour soi. Et puis, il aurait fait beau voir que quelqu'un se lamentât un peu trop fort! Les gaillards de l'escouade, maintenant surtout qu'ils étaient fâchés de la tournure que prenaient les choses, vous l'auraient prestement arrangé! « Comment! mauvais conscrit, tu regrettes ton clocher, ta maman, tes amours? Et de quel droit te plains-tu plutôt que nous? Est-ce que, tout aussi bien que toi, nous n'avons pas un cœur pour aimer notre mère? Crois-tu que moins que toi nous aimions le clocher du pays? Mais les Allemands sont en France, camarade ; et ce n'est vraiment pas le rôle d'un homme, quand le voleur est dans la maison, de gémir ou de soupirer. Allons, motus! motus sur le village ; et n'oublions pas dorénavant que si nos affections sont là-bas, notre devoir est ici. » Tel aurait été le langage de ces gaillards, de ces boute-en-train, de ces vrais patriotes ; mais on ne leur donna point ce soir-là l'occasion de tenir ces raisonnables discours, et, comme en l'absence de nouvelles et de journaux, on ne savait de quoi jaser, et comme surtout on était las, on se coucha d'assez bonne heure et l'on s'endormit.

Notre sommeil durait déjà depuis longtemps, et maint pauvre mobile voyait peut-être en songe des tables surchargées de boudins et de jambons lorsque sur les minuit, nos sergents et nos caporaux nous réveillèrent pour nous annoncer qu'il se préparait une attaque (?) et qu'il y aurait prise d'armes à six heures du matin. A cause de la température on recommandait à chacun de mettre sa couverture en plastron. Une bonne idée ! Jugez plutôt : La couverture, pliée à cet effet, est serrée à la taille par le ceinturon et suspendue au cou par une corde ou par une courroie; on dirait d'un tablier d'ouvrier; et le troupier s'en va, le fusil en bandoulière, les mains fourrées entre la couverture et la tunique comme dans un manchon. C'est très-chaud, très-commode, et c'est aussi très-laid.

Donc, le lendemain avant le jour, nous nous rassemblions dans la rue, les zouaves d'un côté, les mobiles de l'autre ; et l'appel fait, nous nous en allions à plus d'une lieue, dresser nos faisceaux dans la plaine du Drancy. Par suite de fatigue ou d'indisposition, un grand quart du bataillon de Provins s'était abstenu de paraître sur les rangs. Quant aux bataillons de Meaux et de Fontainebleau, ce que nous en voyions ne ressemblait pas plus à deux bataillons que six ou sept cents hommes ne ressemblent à deux mille. Le temps, il est vrai, si clair qu'il fût, n'était pas engageant. Il faisait un vent sec et piquant, dans le genre de la bise du 21, un de ces vents qui viennent du Nord en ligne directe, et que l'égoïsme des gens qui se chauffent qualifie ordinairement du nom de belle gelée. Brr! rien que d'en parler, on en frissonne encore; cela passait et passait, toujours passait; et nous baissions tous le nez jusque dans nos couvertures. Pour faire niche à cette température toute boréale, les uns imaginèrent de se réunir par pelotons de vingt ou de trente, et de parcourir la plaine au pas gymnastique : les pieds retombaient en cadence et résonnaient au loin sur la terre durcie. Pendant ces allées et venues du plus grand nombre, les autres, dispersés par petits groupes dans un champ d'osier sillonné de fossés, entretenaient des feux d'herbes qu'ils avaient allumés sur la glace, et s'amusaient de les voir pétiller comme de vraies bûches de Noël.

C'est dans ces agréables occupations que le bataillon passa la matinée sans que les Allemands donnassent signe de vie ; puis enfin, vers midi, nous reçûmes l'ordre de regagner nos cantonnements, et nous nous demandons encore aujourd'hui dans quel but on nous les avait fait quitter.

Chacun sait qu'il n'est pas de bonne fête sans lendemain. En raison de ce proverbe, le 26, à six heures du matin, la brigade Fournès prenait de nouveau les armes. Cette fois, néanmoins, on se contenta de nous faire aligner nos faisceaux sur le trottoir ; on nous apprit ensuite que nous étions de piquet.

Etre de piquet, cela n'était pas fort amusant, et pourtant cela plut à tout le monde, tout le monde éprouvant un véritable besoin de se reposer.

Mais il était dit que désormais nous ne pourrions plus compter sur un jour de tranquillité complète, et dans l'après-midi même, ordre nous arrivait de nous apprêter à quitter définitivement nos cantonnements de Merlan.

« Bon ! nous rentrons à Paris pour nous refaire un peu, s'écrièrent alors quelques moblots. — C'est cela, se dirent beaucoup d'autres. — Euh ! euh ! faudra voir, » pensèrent les derniers.

Et, ce disant ou pensant, chacun s'apprêtait.

On se mit en route une heure après, dans la direction de Paris, au son joyeux des clairons ; mais à peine marchions-nous depuis quelques minutes qu'à la voix des chefs la colonne s'arrêta. Ce n'était pas à Paris que nous allions, c'était à Noisy ; Noisy, le village même où nous venions d'arriver maintenant, et dans lequel, au dire de gens habituellement bien renseignés, nous devions rester quelques jours pour prendre du repos. Paris ou Noisy, pour nous, peu nous importait ; pourvu que nous eussions quelque répit, ici ou là c'était toujours la même chose.

Aussi nous empressâmes-nous d'entrer dans les maisons qui nous étaient désignées.

On s'installa sommairement, le soir approchant déjà; et l'on remit au lendemain les petits détails d'arrangement intérieur.

Or, ce lendemain justement, le mardi 27, comme la nuit commençait à se faire, et qu'assis en cercle autour d'un poêle ou près d'une cheminée, les hommes de chaque escouade se félicitaient hautement de se trouver là, tranquilles comme des rentiers, dans un logis clos et couvert, voici que tout à coup officiers et sous-officiers accourent leur dire de faire leurs sacs promptement et de se tenir prêts à partir.

Nous croira qui voudra, mais la surprise fut désagréable, et les plus courageux eurent un mouvement d'humeur.

Un quart d'heure ne s'était pas écoulé que l'assemblée sonnait dans le village.

  Allons, soldat, mettons vit' sac au dos;
  Dépêchons-nous, car il n'est pas trop tôt. (1)

Chacun étendit encore une fois ses mains

---

(1) Dans les chansons de troupier, l'élision est d'usage constant et les vers se contentent de rimer par assonance. Le public a le droit de trouver que la rime n'est pas riche ; mais, dame, le soldat non plus n'est pas millionnaire.

vers le poêle ou vers l'âtre ; puis, résigné, boucla son sac à son épaule, décrocha son fusil et sortit.

Dehors il faisait froid et sombre. En levant la tête, on apercevait au-dessus des maisons un ciel gris d'où commençait à descendre un peu de neige. Enfin, c'était un mauvais temps.

Pendant quelques instants, la rue fut remplie du bruit des pas, du bruit des armes, du bourdonnement des appels, de tout ce tumulte qui dans ces occasions ne cesse que lorsque, l'appel étant rendu, le colonel de sa plus forte voix donne à son régiment le signal du départ.

« En avant, marche ! fit à son tour notre commandant.

— En avant, marche ! » répétèrent les capitaines.

Et nous partîmes.

IX

La cause de cette prise d'armes subite, nous l'ignorions ; en quel endroit nous allions, nous n'en savions rien. Des farceurs, il est vrai, voyant que nous sortions du village par le chemin qui nous y avait conduits la veille, prétendaient que nous rentrions dans nos cantonnements de Merlan ; seulement cela paraissait tellement extraordinaire que personne ne voulait y croire. D'ailleurs, les zouaves qui nous précédaient avaient déjà laissé Merlan sur la gauche et continuaient d'avancer tout droit devant eux sur la route de Rosny. Quelques-uns parmi nous supposèrent alors que nous nous en retournions à Nogent, d'autres que nous allions tout simplement à Rosny ; d'autres encore firent entendre qu'une semblable promenade au clair de la neige ne pouvait décemment se terminer que par une bataille ; d'autres enfin, et ce fut le plus grand nombre, s'en remettant sagement à nos généraux du soin de penser pour tous, s'abstinrent de toute réflexion et se contentèrent d'écouter leurs camarades tout en aspirant régulièrement la fumée de leurs pipes. Il fallait aussi veiller à ne pas se laisser choir car le pavé devenait glissant, et plus d'un discoureur sans en avoir eu l'intention s'assit rudement par terre.

Nous allions donc ainsi ; la neige qui tombait sans bruit s'épaississait sur les côtés de la route, et de temps en temps, nos officiers activaient la marche en disant : « Avançons ! avançons ! »

Quand nous nous arrêtâmes, nous étions sur le plateau d'Avron, un plateau superbe : des champs, des vignes, tout cela plein de neige. Pour nous préserver de la tentation de regagner le village de Rosny que nous venions de traverser, un cordon de zouaves en gardait les abords.

Le régiment de Seine-et-Marne forma ses faisceaux à mi-côte. On disait maintenant que les Prussiens menaçaient le plateau ; et tout le monde s'accordait à trouver, vu la température, que ces Prussiens vous ont parfois de drôles d'idées.

Les faisceaux formés, nos officiers nous recommandèrent de marcher pendant que des sentinelles renouvelées toutes les demi-heures veilleraient aux faisceaux. Recommandation d'autant plus sage que déjà des hommes s'enveloppaient de leurs couvertures pour se coucher dans la neige au pied de leurs fusils.

Cependant, de passer une nuit ainsi, pour des conscrits fatigués c'était aussi bien rude. Le général comprit cela ; et nous eûmes la permission de faire de tout petits feux au fond d'anciennes carrières qui se trouvaient à cent ou cent cinquante mètres en arrière des faisceaux. Grande joie alors ! On se groupe à peu près par escouades, et l'on allume, non toutefois sans peine, des feux, mais de vrais feux, des feux à faire fondre les nuages de neige dans le ciel si nous eussions bivaqué partout ailleurs qu'au fond d'anciennes carrières.

Les feux allumés, on fit cercle alentour, on s'assit sur son sac, on se chauffa les pieds : les orteils brûlaient et les talons gelaient. Nos couvertures que nous avions sur le dos se couvraient en même temps d'un épais duvet blanc ; mais d'un duvet qui n'était pas chaud. En vérité, c'était une vilaine nuit pour être de grand'garde, et les pruniers, les pommiers et les cerisiers de Rosny sous Bois, s'ils n'en sont pas tous morts, s'en souviendront longtemps. On les mutilait, ces pauvres arbres, pour alimenter ces feux qui ne réussissaient pas entièrement à nous empêcher d'avoir froid.

Ainsi s'écoula la nuit du 27 au 28 décembre. De demi-heure en demi-heure un homme se détachait de chaque escouade et, conduit par son caporal, s'en allait remplacer un camarade aux faisceaux. Un instant après, celui-ci revenait, des glaçons dans la moustache, content d'avoir fini sa faction ; il descendait en courant la rampe rapide, et se laissait pour ainsi dire rouler jusque dans la carrière : le caporal avait peine à le suivre. Puis, tous deux reprenaient place au cercle, une brassée de brindilles était jetée sur la flamme, un dormeur se réveillait, quelques paroles étaient échangées : Rien de nouveau? Quelle heure est-il ? — Et tout cela, vu par un peintre amoureux du pittoresque et du fantastique, aurait fourni le sujet d'un tableau, le plus original et le plus charmant du monde.

Au petit jour, au moment où nous pensions que nous allions être relevés de notre grand'garde, une vingtaine d'hommes de chaque bataillon furent envoyés en reconnaissance sous la conduite d'un sergent et d'un caporal. Ces trois petits détachements ne remarquèrent rien d'extraordinaire. La neige avait cessé de tomber; dans la plaine de Neuilly comme sur le plateau tout était blanc, calme et silencieux. « La campagne est comme une vierge en robe de communiante, » disait gaiement un des nôtres, un fantaisiste, en revenant s'asseoir au bivac ; et certes, nous étions loin de prévoir alors l'effroyable bombardement auquel nous allions assister en ce jour *.

C'est sur les dix heures que cela commença. On venait de nous dire qu'à midi seulement nous serions relevés, et, pâlis par la veille et par la fatigue, nous attendions patiemment la fin de notre grand'garde lorsqu'un sifflement bien connu nous fit relever la tête pour écouter. L'obus alla tomber sur le versant est du fort de Rosny, et dès lors ce fut une averse de projectiles : les uns dirigés sur le fort, les autres éclatant sur le plateau d'Avron et dans le village. Franchement, cela nous faisait regretter la neige de la nuit précédente.

A midi, nos officiers nous firent mettre en rangs et nous prîmes le chemin de Rosny. Arrivés auprès de l'église, nous reçûmes l'ordre d'occuper les maisons de la rue qui

* Note XIII.

monte vers le fort. Déjà, disait-on, beaucoup de personnes avaient été tuées dans le village : les obus se moquent bien des toitures et des murailles ! Vous êtes là, tranquille dans une chambre, trouvant que c'est une grande satisfaction que de s'asseoir autrement que dans la neige ou dans la boue; et puis tout d'un coup un de ces visiteurs arrive, entre par la muraille, crève au milieu de la chambre sans craindre de vous éclabousser et vous fait gentiment passer de vie à trépas. Il a suffi de la science d'un officier allemand qui baragouine un ordre, et du geste d'un lourdaud qui tire sans savoir où, pour vous envoyer dans l'autre monde. Non, ce n'est pas agréable. La bataille à coups de fusil, à coups de sabre, à coups de baïonnette, c'est la guerre franche et loyale ; les balles vont tout droit devant elles, l'avantage est à qui sait le mieux viser ; les coups de sabre et les coups de baïonnette, on les voit, on les pare, on en rend, on a son adversaire en face, on peut déployer de la force, de l'adresse, du courage; mais ces combats d'artillerie, ces bombardements à longue distance, qu'est-ce que cela prouve ? Tout l'avantage est aux mieux armés, et les mieux armés, cette fatale guerre l'a bien prouvé, peuvent être aussi les moins braves.

C'est en nous disant vaguement en nous-mêmes des choses de ce genre que nous entrâmes dans les maisons de Rosny, et ces maisons nous paraissaient d'une légèreté incroyable. Il nous semblait que telle de ces bicoques pouvait être renversée d'un coup de poing; que serait-ce donc si quelque bombe arrivait dessus ? on n'en retrouverait plus miette; et que deviendraient ceux qui seraient logés dedans?

En ce moment même, un seul obus venait de coucher cinq gardes nationaux dans la rue. Pas un mobile n'avait été atteint. « Vous vous ferez tuer si vous restez dehors, cria-t-on à quelques-uns des nôtres qui faisaient mine de se promener. — Allons donc! les obus, ça ne tue pas les moblots, » répondit un caporal.

Mais cependant, le bombardement ne faisant que redoubler d'intensité, les officiers eux-mêmes nous engagèrent à nous mettre en sûreté. Beaucoup d'entre nous se réfugièrent dans les caves ; quelques-uns s'obstinèrent à ne point s'enterrer dans des endroits qui leur semblaient peu confortables, et personne ne saurait dire lesquels s'endormirent le plus paisiblement le soir, de ceux qui n'avaient rien à craindre ou de ceux qui ne craignaient rien.

Le bombardement continua toute la nuit. Longtemps avant le jour, un grand mouvement se fit entendre dans le village. Le plateau d'Avron n'était plus tenable et les troupes évacuaient la position. Voyant cela, chacun de nous prépara ses bagages comme pour partir.

Vers huit heures, en effet, le régiment fut rassemblé dans la rue de l'église. On s'aligna sur le trottoir afin de laisser le pavé libre pour des marins qui passaient, l'air triste et résolu, traînant eux-mêmes des caissons d'artillerie. Des fardiers auxquels de grosses pièces de marine étaient suspendues descendaient aussi du plateau d'Avron. Nous demeurâmes dans la rue plus d'une heure, l'arme au pied, attendant le signal du départ; des obus tombaient toujours par-ci par-là, trouant les murs, brisant les vitres, faisant pleuvoir les tuiles des toits, décapitant les cheminées ; c'était très-ennuyant, et, finalement, nos officiers nous donnèrent l'ordre de rentrer dans les maisons.

Pendant toute la journée la situation fut la même : on eût dit par instants que les Allemands avaient juré de tout bouleverser ; et pourtant, grâce aux précautions prises, pas un des nôtres ne fut grièvement atteint. Dans l'après-midi, des voitures d'ambulance emmenèrent vers Paris une cinquantaine de blessés que l'on fit sortir de l'église. Il ne resta plus alors dans Rosny que les mobiles de Seine-et-Marne et des gendarmes.

Le soir, un peu après la tombée de la nuit, les canons se turent tout à coup, comme fatigués d'avoir tant parlé. « Sac au dos! » nous dirent nos officiers. Le régiment se réunit sans bruit; puis, d'un bon pas, on se mit en route pour Montreuil où nos fourriers étaient allés dans la journée nous préparer des cantonnements. Nous nous attendions encore à des projectiles; heureusement rien ne vint. En approchant du fort, nous remarquâmes dans la terre des talus et sur la chaussée d'énormes trous que les obus prussiens avaient creusés. Ces obus sont très-complaisants : non-seulement ils tuent quelquefois leur homme, mais ils lui font en même temps une fosse pour l'enterrer.

Enfin nous arrivâmes à Montreuil. Comme nous entrions dans cet important village, nous vîmes que les reverbères brûlaient de place en place, au coin des rues; aux environs de l'église, des boutiques étaient éclairées; l'horloge sonnait sept heures. Cette voix de l'horloge, ces lumières, tout cela nous frappa; il nous sembla que nous sortions d'un monde sauvage et que nous renaissions à la civilisation.

Le bataillon de Provins, — est-il besoin de le dire ? — dormit bien cette nuit-là.

Le lendemain 30 décembre, les forts de Rosny, de Noisy et de Nogent étaient violemment bombardés.

Le 31, nous fûmes envoyés dans la journée pour travailler au fort de Rosny, mais il était impossible d'y tenir. Tous les travailleurs auraient été tués, et le bataillon revint à Montreuil sans avoir rien fait.

Le soir, les quatre premières compagnies retournèrent au fort et travaillèrent jusqu'à minuit. Malheureusement les projectiles arrivaient toujours, et puis la terre était tellement gelée que l'on n'avançait à rien.

On se souhaita la bonne année au retour, et le même jour, 1er janvier, les obus prussiens qui semblaient nous poursuivre firent leur apparition dans le voisinage de l'église.

Le lendemain et le surlendemain, ce fut un véritable bombardement; diverses maisons furent visitées plusieurs fois par les projectiles, et nous commerçâmes à penser que nous n'étions plus en sûreté. Le 3 surtout,

les Prussiens mirent à canonner le village un empressement, un zèle dont personne ne leur savait gré. Le soir, vers dix heures, nos officiers nous firent former les faisceaux dans la rue. Ils nous dirent ensuite que nous devions nous tenir prêts à partir au premier moment, vu que l'on s'attendait à une attaque des Allemands sur le fort de Rosny, un brave fort qui, déjà très-rudement maltraité, tenait cependant toujours bon. Cela dit, nos officiers nous firent rompre les rangs. Alors se produisit un de ces incidents semi-sérieux, semi-comiques comme on en voit parfois en temps de guerre, et dans lesquels se montrent le courage et le sang-froid d'un homme. Voici l'histoire :
A peine le bataillon était-il rentré dans les maisons pour se recoucher que des détonations d'obus se firent entendre dans la rue où tout d'abord bon nombre de fusils furent renversés. Petite affaire, mais ce n'était pas tout. Un de ces projectiles, s'introduisant de vive force dans le logement qu'habitait le capitaine de la 5ᵉ compagnie, avait éclaté,

fait sauter l'escalier et rempli l'intérieur de fumée. On se précipita vers la maison pour porter secours à l'infortuné capitaine; et ce n'était pas une chose peu plaisante que de le voir, lui, le capitaine Guillebaud, lorsque chacun le croyait mort ou tout au moins blessé, ouvrir vivement sa fenêtre, souffler avec force, puis aspirer bruyamment l'air du dehors, et murmurer tout en colère : « Ah ! c'est stupide ; on ne respire plus ici. »

Le lendemain 4 janvier, à cinq heures du matin, par un temps de brouillard, l'attaque à laquelle on s'attendait n'ayant pas eu lieu, nous allâmes, munis de nos fusils et de nos cartouches, travailler à une tranchée que l'on établissait dans le voisinage du fort de Romainville. Nous rentrâmes, blancs de givre et fatigués, vers midi ; mais le soir, le bombardement continuant toujours avec force dans la partie du village que nous occupions, le régiment dut changer encore une fois de cantonnements.

Par suite de ce déménagement, nous nous trouvions un peu plus rapprochés de Paris, et par conséquent moins exposés aux projectiles de l'ennemi.

Malheureusement, quand ces projectiles ne venaient pas à lui, c'était, en raison des ordres que nos chefs recevaient de l'état-major, le bataillon qui s'en allait les trouver.

Ainsi, le 5, dès huit heures, nos clairons sonnaient l'assemblée, et presque aussitôt nous partions pour le fort de Rosny. Les zouaves nous suivaient. Au moment d'arriver, à trois ou quatre cents mètres du but, ordre à la colonne de s'arrêter et de se mettre à l'abri des obus derrière un grand mur de jardin. Comme nous étions là, nous apprîmes que l'on n'avait nullement besoin de nous au fort où, du reste, à cause de l'intensité du bombardement il ne nous eût pas été possible de travailler. « Pourquoi donc alors nous a-t-on dérangés ? » se demanda plus d'un en lui-même. Mais presque aussitôt, le bataillon fit par le flanc gauche, et descendit dans Montreuil gauche en tête, c'est-à-dire que la 8e compagnie marchait la première et réciproquement. Nous arrivions au bas de la rue du Pré, nous touchions au carrefour qui la termine et nous commencions à nous croire hors de tout danger lorsqu'un de ces énormes projectiles que lancent supérieurement les canons Krupp vint soudainement s'abattre sur la queue de la colonne, juste au milieu de la 1re compagnie ; et dans la même seconde un homme tombait mort, cinq autres étaient blessés.

Chacun peut juger de l'effet que produisit sur nous ce douloureux accident. Un homme tombe mort dans la bataille, c'est naturel puisque l'on se bat ; mais voir mourir un camarade ainsi, à deux lieues de celui qui le tue, inutilement d'ailleurs puisque nous revenions à Montreuil sans avoir rien fait, le voir mourir ainsi, cela vous cause une impression beaucoup plus pénible et peut-être aussi plus profonde.

Les hommes d'ambulance qui suivaient le bataillon emportèrent le corps de notre malheureux camarade à l'hôpital de Vincennes, et l'inhumation eut lieu le surlendemain.

Les douze jours qui suivirent cette triste date du 5 ressemblèrent à ceux que nous venions de passer. Ce n'étaient que grand'-gardes et travaux sous le feu de l'ennemi. Des promenades militaires et des exercices s'ajoutaient à cet agréable programme. Du côté de Paris, nous entendions des détonations continuelles : le roi Guillaume fêtait la nouvelle année en offrant aux Parisiens des obus pour dragées : des femmes, des vieillards, des enfants étaient tués ; le Val-de-Grâce n'était plus même un asile sûr pour les blessés, les serres du Jardin des Plantes étaient détruites; enfin, c'était bel et bien, au point de vue prussien, un bombardement en règle. Le temps était toujours mauvais: tantôt la pluie, tantôt la gelée, souvent le brouillard, parfois la neige, toujours le froid ! La dyssenterie, qui depuis un ou deux mois régnait dans l'armée, continuait ses ravages. Les bronchites ne manquaient pas, ni les douleurs articulaires non plus. Tout le monde était pâle et toussait. Les docteurs Phélebon et Gaillard, nos aides-majors, deux jeunes gens intelligents, capables et dévoués, ne savaient par moments auquel entendre. Ce qui nous soutenait, ce qui nous relevait le cœur au milieu de ces misères, c'étaient les bonnes paroles que nous adressaient nos officiers supérieurs et les autres officiers, et puis, nous ne désespérions pas encore de l'issue heureuse de cette guerre; les journaux parlaient avec admiration, — et c'était justice — des victoires de Faidherbe dans le nord; on comptait toujours sur quelque grand coup de l'armée de l'Est commandée par Bourbaki et de l'armée de la Loire commandée par de Chanzy; enfin, notre gaîté n'était pas tout à fait morte, et de temps en temps, ce feu caché sous la cendre lançait des étincelles. Un soir, il fut question pour nous d'aller en reconnaissance au plateau d'Avron où les éclaireurs de la division avaient déjà fait plusieurs fois des prisonniers, et jamais peut-être le bataillon ne parut de meilleure humeur que ce soir-là. Pourtant, nous souffrions bien! — Mais à quoi bon nous appesantir sur ce chapitre de nos fatigues et de nos ennuis ? Nous avons fait ce que nous avons fait, c'était notre devoir, et il ne faut pas que nous autres moblots, gens humbles et patriotes, nous ayons l'air de nous en vanter ou de nous en plaindre.

X

Nous arrivons à la date de Montretout, une sanglante et malheureuse affaire sur laquelle on voudrait passer vite, et que nous ne saurions cependant omettre de raconter, du moins en ce qui nous concerne, parce que, si jusqu'à cette date nous nous étions le plus souvent comportés comme de bons et courageux conscrits, ce jour-là seulement, l'ancien vœu de M. de Courcy se trouva complètement réalisé, et le bataillon de Provins se conduisit comme un vrai bataillon de soldats.

Le 17 janvier nous étions encore à Montreuil, et nous devions aller travailler au fort de Rosny, lorsqu'arriva l'ordre, pour toute la division, de se rendre à Courbevoie, un village que nous connaissions bien pour nous y être ennuyés jadis, et dans les maisons duquel, ayant traversé Paris d'une traite, toute notre division s'installa le soir même.

Le lendemain nous touchâmes des vivres pour cinq jours, et notre commandant reçut un billet doux ainsi conçu :

Ordre de mouvement.

Toutes les troupes de la division de Bellemare prendront les armes demain 19 janvier, de manière à partir, celles sous les ordres de M. le général Valentin, à trois heures un quart du matin, les autres à quatre heures.

Elles se mettront en marche dans l'ordre indiqué dans le tableau ci-joint, c'est-à-dire :

La colonne Colonnieux en tête, la colonne Fournès, celle du général Valentin, les six batteries des commandants Tardif et Foncin, le parc du génie, la réserve d'infanterie (général Henrion et colonel Valette), la réserve d'artillerie (quatre batteries, commandant Larquet et commandant Babinet), le parc d'artillerie, et enfin l'ambulance.

Les sections du génie suivront le premier demi-bataillon de chaque colonne d'attaque qui sera suivie elle-même de ses douze mulets, de cacolets et de brancardiers.

Les troupes passeront par le rond-point de Courbevoie, le rond-point des Bergères, la route du Mont-Valérien, laissant à gauche la maison du moulin d'Hérode, pour aller se masser : les colonnes d'attaque avec leurs réserves et leur artillerie derrière la ferme de la Fouilleuse, la réserve générale d'infanterie et d'artillerie et l'ambulance derrière la redoute du moulin d'Hérode.

Au signal convenu, chaque commandant de colonne d'attaque se mettra en mouvement pour exécuter les instructions qu'il a reçues de vive voix du général de division, et qui seront complétées ou modifiées sur le terrain, suivant les nécessités du moment.

Courbevoie, le 18 janvier 1871.

Le général de division.
(Signé :) de BELLEMARE.

P. O. *Le chef d'état-major.*

Pour notification *le général commandant la brigade.*

P. O. *L'officier d'ordonnance.*
(Signé :) Braccini.

Le général de Bellemare n'était pas le seul, le 18 janvier, à dicter de pareils ordres. Une grande bataille se préparait : trois corps d'armée devaient attaquer simultanément les positions de l'ennemi, Vinoy à gauche Ducrot à droite, Bellemare au centre. Quant au commandant en chef, c'était le général Trochu lui-même.

Ainsi qu'on l'a vu par le document que nous venons de citer, le corps d'armée du général de Bellemare, indépendamment de la réserve générale, se composait de trois colonnes d'attaque suivies chacune d'une première réserve. La colonne d'attaque de droite, avec laquelle marchaient les francs-tireurs de la division, était dirigée par le colonel Colonieux, celle de gauche par le général Valentin, et celle du centre par notre général de brigade : M. Fournès.

La colonne d'attaque du centre réunissait sous les ordres immédiats du colonel Méric le 4ᵉ zouaves, une section du génie, une section du génie auxiliaire et le 11ᵉ régiment de la garde nationale mobilisée.

La première réserve de cette colonne d'attaque se composait du 38ᵉ régiment provisoire, c'est à-dire des 1ᵉʳ, 2ᵉ et 4ᵉ bataillons de Seine-et-Marne et du 14ᵉ régiment de la garde nationale mobilisée. Cette première réserve était placée sous le commandement de notre colonel, M. Franceschetti.

Cela dit, il sera plus facile à chacun de se rendre compte de la part que le bataillon de Provins prit à ce grand combat dans lequel l'armée, la mobile et la garde nationale rivalisèrent de bravoure et de patriotisme.

L'ordre de mouvement du général de Bellemare avait fixé notre départ à quatre heures du matin; cependant, dès avant trois heures nous étions sur pied, et nous allions stationner au rond-point de Courbevoie. La concentration des troupes s'opérant difficilement, nous demeurâmes là jusque vers six heures, en sorte que nous étions déjà quelque peu las de porter le sac quand il fallut nous remettre en route.

C'est pendant cette longue station que nous eûmes le plaisir de rencontrer nos camarades les gardes mobiles du 3ᵉ bataillon que nous n'avions pas vus depuis deux mois. Ils étaient contents, disaient-ils, n'ayant jamais pris part à aucune affaire, d'assister enfin à une bataille; ils regrettaient seulement de ne point marcher avec nous.

Dans le même intervalle, le général Trochu, qui s'en allait prendre son poste de commandement au Mont-Valérien, vint à passer en voiture et s'arrêta pour serrer la main de notre colonel. Cette politesse fut remarquée : lorsqu'un chef d'armée donne une poignée de main à un colonel en présence de son régiment, c'est tout le régiment qui la reçoit.

Enfin, nous partîmes ; et au petit jour, l'itinéraire du général de Bellemare ayant été fidèlement suivi, le régiment de Seine-et-Marne se trouvait, massé par bataillons, à gauche de la ferme de la Fouilleuse. Devant nous s'élevait une ligne de collines occupées par l'ennemi : c'était là qu'il fallait s'établir.

Nous étions à peine arrivés en cet endroit que la colonne d'attaque reçut l'ordre d'avancer, et presque aussitôt la fusillade s'engagea; zouaves et gardes nationaux marchaient avec une audace, une intrépidité superbe. Aussi les avant-postes de l'ennemi furent-ils culbutés en un moment. Un grand parc, le parc de Buzenval dont nous apercevions les murs crénelés, et qui nous apparaissait comme un obstacle sérieux à l'élan de nos troupes n'arrêta point leur marche en avant ; des soldats du génie ayant réussi à se glisser sous les murs, on entendit tout à coup de fortes explosions : la dynamite avait fait son œuvre, et, tandis que les zouaves, qui dès le début de l'action avaient obliqué à gauche, continuaient leur mouvement sur la redoute de Montretout, les gardes nationaux se précipitèrent par la brèche.

Pendant vingt ou vingt-cinq minutes encore nous restâmes simples témoins de cette lutte dans laquelle l'héroïsme de la vieille race française se retrouvait tout entier. Comme pour nous permettre de mieux entendre ou de mieux voir ce qui se passait, on nous avait commandé de nous porter sur une route en avant de la ferme de la

Fouilleuse. Nous étions là dans la région des balles mortes.

Soudain le signal est donné, les gardes nationaux ne pouvant plus tenir commencent à se replier, et le bataillon de Provins s'élance à la rescousse.

Ce fut un magnifique mouvement. En avant! criait notre lieutenant-colonel qui s'était mis à notre tête. En avant! répétaient les officiers; notre aumônier lui-même nous excitait de la voix et du geste : en avant! les clairons sonnaient la charge ; et le bataillon déployé sur une seule ligne, marchait comme un seul homme, s'arrachant de la boue dans laquelle on s'empêtrait, bondissant à travers les vignes, franchissant les fossés, renversant les clôtures, faisant enfin des efforts d'énergie pour voler au danger.

Quand nous arrivâmes sur le plateau, nous fûmes salués par la fusillade; les officiers alors répétèrent : Hardi, les enfants; en avant! et le bataillon avança sous les balles sans broncher.

Mais laissons la parole à notre colonel. Voici ce qu'il écrivait le lendemain :

Courbevoie, 20 janvier 1871.

Mon général,

J'ai l'honneur de vous rendre compte de la journé d'hier 19 janvier.

Ainsi que vous m'en avez donné l'ordre, j'ai envoyé le 4ᵉ bataillon déployé en bataille pour reprendre les positions de la crête du plateau de Garches, plateau occupé tout d'abord par les zouaves et le 11ᵉ régiment de garde nationale mobilisée, ces derniers, fatigués, s'étant retirés. Le 4ᵉ bataillon remplit sa mission et refoula dans le village l'ennemi qui gravissait déjà, à mi-côte, le versant opposé.

Craignant d'être découvert sur ma droite, vous m'avez envoyé deux autres compagnies du 1ᵉʳ bataillon qui vinrent renforcer ma ligne de bataille du côté du parc de Buzenval.

Vers midi, une tentative d'attaque nouvelle fut faite par l'ennemi ; elle fut repoussée, grâce à l'énergie du 4ᵉ bataillon renforcé des deux compagnies du 1ᵉʳ bataillon, et plus tard de quatre autres compagnies de ce même bataillon que vous m'avez envoyées pour me seconder plus amplement.

Appuyé à gauche au 4ᵉ zouaves, à droite sur les premiers angles du mur du parc de Buzenval, mon régiment maintint la situation à moitié du versant du côté de Garches.

A midi et demi, un bombardement sérieux vint balayer la crête que nous occupions et dura deux heures. Mon régiment supporta énergiquement ce bombardement qui ne faisait que précéder une attaque de la part de l'ennemi. En effet, à trois heures et demie, il se porta en masse pour enlever le plateau; c'est alors que vous m'avez envoyé les deux dernières compagnies du 1er bataillon, qui, vigoureusement enlevées par leurs officiers, concoururent puissamment à refouler de nouveau l'ennemi.

Enfin, les hommes qui combattaient depuis neuf heures du matin, fatigués et dépourvus de cartouches, furent soutenus par le 2e bataillon auquel vous avez donné l'ordre de se porter en avant, ainsi qu'à votre réserve : le 14e régiment de garde nationale mobilisée.

La nuit arrivait; vous fîtes replier les 4e et 1er bataillons trop fatigués et dépourvus de cartouches (ils se sont maintenus depuis neuf heures du matin jusqu'à cinq heures du soir); ils furent suivis par le 14e régiment de la garde nationale.

Le 2e bataillon soutenu par un bataillon de zouaves maintint la situation.

Enfin, l'obscurité étant complète, deux bataillons (2e Seine-et-Marne et zouaves) qui devaient être relevés par le 135e de ligne, ce régiment ne pouvant arriver, restèrent dans le parc, abrités par les murs que vous aviez fait créneler, soutinrent l'attaque de l'ennemi jusqu'à deux heures du matin, résistèrent à tous ses efforts et ne se replièrent que sur l'ordre qui en fut donné par M. le général de Bellemare et transmis par l'adjudant du 4e zouaves.

Mon général, permettez-moi, à la suite de ce rapport succinct, de vous prier de prendre en considération la bonne et énergique tenue du régiment, tenue d'autant plus méritante que ce régiment est composé de jeunes soldats et de jeunes officiers qui, il y a cinq mois à peine, étaient ignorants des premiers éléments du métier militaire.

Ci-joint l'état des pertes qui s'élèvent à :

    1 officier tué,
    6 officiers blessés,
  35 sous-officiers et soldats tués,
 152   —   —   blessés,
  27   —   —   disparus.

Total 221 hommes.

Le colonel de la garde nationale mobile de Seine-et-Marne,

               FRANCESCHETTI.

Un officier tué, quatre autres blessés, dix-sept sous-officiers et soldats tués, soixante-dix-neuf blessés, quinze disparus, en tout cent seize hommes, telle était la part du bataillon de Provins dans le chiffre des pertes du régiment.

Que dire d'intéressant et d'éloquent après cela ? Et d'ailleurs comment décrire une pareille journée ? C'est un drame aux cent actes divers qu'une bataille, et parfois un drame dont tous les actes se jouent en même temps. Lors même que l'on ne s'occupe que d'un régiment ou d'un bataillon, la tâche est difficile; on ne saurait tout voir ni tout peindre. Le rapport d'un colonel en dira toujours plus à l'esprit d'un militaire qu'une description pompeuse à l'esprit d'un bourgeois. Sur un champ de bataille, à chaque pas l'aspect change, la scène change. Le combat est un tableau complexe dont on saisit confusément les détails et dont on ne rend qu'imparfaitement l'ensemble. N'importe, camarades ; pour la satisfaction de notre conscience, essayons, essayons, quoiqu'il nous en coûte, de revivre un peu par la pensée les heures que nous avons vécues ce jour-là.

Ici, la première compagnie garde la lisière du parc qui fait face au village de Garches. Là, un peu en arrière, sur la partie découverte du plateau, formant une ligne sombre sur le sol détrempé par le dégel, se développent les sept autres compagnies. Il est neuf heures du matin. A la fusillade de l'ennemi nous avons répondu par la fusillade. Les Prussiens, vigoureusement repoussés, se sont retirés dans leurs retranchements, dans leurs maisons, derrière leurs murs crénelés. C'est de là qu'ils nous bravent ; et, dès que sur la lisière du bois ou sur le plateau quelqu'un lève la tête, les balles sifflent.

A trois ou quatre reprises ils tentent des sorties ; mais alors un feu bien nourri les accueille et nous les voyons se replier en toute hâte.

Cependant l'artillerie ennemie a pris position sur la deuxième ligne de collines ; le bombardement commence ; les obus s'abattent sur le plateau comme de sinistres oiseaux ; la gauche du bataillon se voit obligée de changer de position ; un vaillant jeune homme, Roger, lieutenant de la 8e compagnie, est frappé mortellement ; beaucoup d'autres aussi sont tués ou blessés. Pour répondre aux canons prussiens, nous n'avons que deux pièces, deux pièces amenées à grand'peine au coin du parc de Buzenval. Le dégel paralyse les mouvements de notre artillerie, et la lutte, à coups d'obus, est impossible.

Enfin, le bombardement cesse. Il est évident que l'ennemi se prépare à nous chasser des positions que ses canons ont balayées inutilement pendant plus de deux heures.

Ils arrivent, les voici! Déjà plusieurs décharges de nos chassepots ont été saluer au passage dans une rue de Garches les renforts qui leur arrivaient; mais cela ne les empêche pas de sortir en grande masse de leurs retranchements et de se porter à l'attaque du plateau. C'est comme une nuée de corbeaux. Nous engageons vivement la partie, et plusieurs fois, avant qu'ils ne se soient déployés en tirailleurs, notre fusillade fait le jour à travers leurs rangs. N'importe, ils se déploient, ils avancent, ils montent, ils montent toujours en tiraillant comme des enragés. Nous, le ventre à terre, sans bouger, nous continuons le feu. De nouveaux renforts viennent augmenter leur nombre; la mort fait sa moisson dans nos rangs : nous continuons le feu. Ils continuent de gagner du terrain : nous continuons le feu. Ils approchent, leurs balles sifflent et se croisent de toutes parts : nous continuons le feu. Enfin, il n'y a plus moyen de tenir, nous allons être débordés, enveloppés, écrasés, nos cartouches s'épuisent; déjà, sur plusieurs points du bataillon un mouvement de recul s'est manifesté; voyant cela, des officiers, des sergents, des caporaux, des soldats même, prêchant d'exemple, se sont élancés en avant, et le terrain perdu s'est trouvé tout aussitôt reconquis, mais ce n'est là qu'un retard pour nos assaillants, et, en attendant qu'ils se soient rendus maîtres du plateau, les balles pleuvent, les balles pleuvent toujours, venant de face, de droite, de gauche, de partout; on ne se voit plus dans la fumée, d'ailleurs la nuit commence à se faire; c'est fini, bien fini, nous ne pouvons plus tenir, et nous nous servons de nos dernières cartouches pour continuer le feu.

Tout à coup, au milieu du crépitement de

la fusillade, des voix se font entendre; on commande : *tirailleurs, en retraite!* et, poursuivis encore par les balles après huit heures d'un combat qui nous a décimés et plus que décimés, nous nous replions en bon ordre à travers le parc, laissant à notre place, au poste de l'honneur et du péril, les bataillons envoyés pour nous relever.

Nous arrivons à la nuit auprès de la ferme de la Fouilleuse; c'est là que les compagnies, les bataillons cherchent, sans y parvenir, à se rassembler. On voit en cet endroit des scènes touchantes : des soldats reviennent du combat, portant un camarade blessé qu'ils ont ramassé au moment de la retraite, sous le feu de l'ennemi; des frères, des amis se rencontrent, se reconnaissent malgré l'obscurité, et, joyeux, heureux de se retrouver sains et saufs après la bataille, se pressent les mains et s'embrassent.

Puis commence le chapitre du retour : les bataillons disloqués, incomplets, souillés de boue, se remettent en route : nous revenons à Courbevoie, les gardes nationaux rentrent à Paris. On est triste, on est las, on a faim, et, tout en marchant, on regarde passer le sombre défilé des voitures d'ambulance qui se dirigent vers la ville, pleines de blessés et de mourants, les uns demandant à boire, les autres appelant leurs femmes ou leurs mères.

Tout cela c'est la guerre, comme disent les Allemands.

Et pendant ce temps, pendant que les tranchées se creusent où l'on mettra les morts, pendant que les chirurgiens, coupant bras et jambes, enfoncent leurs petits couteaux dans les chairs de pauvres gens venus au monde pour travailler, pendant ce temps-là, justice divine! des deux hommes qui nous valent nos désastres et nos douleurs, l'un, le roi de Prusse, ce pansu de Guillaume — empereur d'Allemagne, s'il vous plaît! — étale son gros ventre et ses grosses bottes devant une cheminée du château de Versailles, de ce château de Versailles où l'Assemblée nationale jugera convenable de venir s'installer plus tard, un mois à peine après la fin du siége de Paris*; l'autre, un ex-empereur celui-là, chaudement claquemuré dans un castel étranger, vil, indigne, méritant les soufflets de tout un peuple, vit tranquillement des écus qu'il nous a volés, et, nonchalamment étendu dans son fauteuil, rêve, à la lumière discrète d'une lampe, quelque nouveau Deux Décembre pour se relever de la honte de Sédan, tout en fumant des cigarettes.

Et Paris, ce pauvre et cher Paris, que dit-il, que fait-il? — Paris, qui ce matin se réjouissait du succès de nos armes, frémit de colère et de douleur à la nouvelle de notre défaite. « Encore la retraite, toujours la retraite! dit-il; allons, c'est la fin! » puis, calme, dédaignant les excitations de quelques agitateurs, il compte ses morts et ses blessés et ne se console de tant de pertes douloureuses que par la pensée de tant d'héroïsme. Demain, après-demain, pendant plus d'une semaine, ses journaux raconte-

---

* Note XIV.

ront les épisodes glorieux de la bataille ; ils diront la belle conduite de l'armée, de la garde nationale et de la mobile ; ils signaleront à l'histoire les bataillons qui se sont le plus distingués ; et nous aurons, nous les mobiles briards, la satisfaction de voir que le régiment de Seine-et-Marne n'est pas oublié ; le *Rappel* lui consacrera quelques lignes d'une tournure superbe, et le *Gaulois* moins prompt à l'enthousiasme publiera cependant tout un article que nous voulons citer ici :

Le régiment de Seine-et-Marne a payé une fois de plus sa dette de sang à la défense de Paris. 221 des enfants de la Brie sont encore tombés jeudi sur les crêtes de Buzenval, disputant pied à pied le terrain à l'ennemi qui, le soir, appuyé par des renforts et une artillerie formidables, s'efforçait de reprendre ses positions. Lancé vigoureusement par son colonel au moment où la retraite s'accentuait, il prenait, avec les trois bataillons engagés, les positions terribles qui font face à Garches et s'y maintenait énergiquement, couvrant nos colonnes en retraite et repoussant l'agression de l'ennemi. C'est une poignée des enfants de ce régiment qui, se jetant la nuit dans le parc de Buzenval, avait l'honneur, de concert avec les zouaves du général Fournès, de rester les derniers à maintenir nos positions.

Comme à la Malmaison, à Bry, à Champigny, à Avron, le régiment de Seine-et-Marne semble réservé, avec les zouaves, au périlleux honneur de soutenir les derniers efforts de la journée.

Le numéro du Gaulois dans lequel cet article parut porte la date du 24 janvier 1871, et nous nous rappelons la joie qu'il nous causa. Aujourd'hui encore, à quatorze mois de distance, nous trouvons du plaisir à le relire; c'est que sans être par trop égoïstes — on l'est toujours un peu — nous pensons avoir le droit de revendiquer pour le bataillon de Provins une bonne part des éloges que cet article adresse à tout le régiment de Seine-et-Marne.

Et puis, faut-il le dire ? c'est en ces éloges de la presse parisienne que consiste en somme le plus clair des récompenses qui nous furent accordées.

On pourrait croire en effet, si de tant d'accusations absurdes dirigées contre le gouvernement de la défense nationale une seule restait debout, on pourrait croire que ce gouvernement n'eut rien de plus pressé, le lendemain de Montretout, que de faire pleuvoir sur le bataillon de Provins une grêle de croix et de médailles semblable à la pluie de balles que nous avions reçue la veille. Il n'en fut rien. A part un brevet de la Légion d'honneur décerné dans le mois qui suivit l'armistice, à part deux ou trois médailles données en ces derniers temps, le bataillon de Provins n'a rien reçu. Ce n'est pas au moins que nous attachions à ces sortes de distinctions plus d'importance qu'il n'est juste de leur en accorder ; mais, du moment qu'elles existent, il faut les donner à qui les a gagnées, et nous pourrions souligner du doigt dans le tableau de l'état-major de notre bataillon, dans la liste des capitaines, dans celle des lieutenants et des sous-lieutenants, voire même dans celle des sous-officiers et caporaux, les noms de quelques hommes qui ne méritaient pas d'être oubliés *. Enfin ! c'est ainsi ; les

* Note XV.

événements, les troubles, le travail de réorganisation, tout s'est opposé à ce que justice fût rendue ; les oubliés se consoleront en se disant que rien n'est beau, rien n'est bon comme de savoir que l'on a fait largement son devoir, et qu'il vaut mieux en définitive mériter une distinction sans l'obtenir que de l'obtenir sans l'avoir méritée.

Quant à nous, les simples moblots, nous nous souviendrons toujours de Montretout non sans tristesse mais avec orgueil. Nous nous rappellerons le dévouement et le courage des chefs qui nous commandaient. Ce jour-là, caporaux, sergents, sous-lieutenants et lieutenants furent généralement braves; on en vit qui rivalisèrent de sang-froid et d'énergie avec nos vieux capitaines ; et certes, de tous ces conscrits revêtus d'un grade : lieutenants, sous-lieutenants, sergents ou caporaux, le moins méritant, au retour de la bataille, avait acquis le droit de dire, fièrement, la tête haute, ce que disait justement l'un des plus intrépides et des plus modestes d'entre eux : J'affirme que cette fois j'ai gagné mes galons.

Mais trêve de commentaires élogieux et terminons notre récit.

Quand un voyageur, ayant marché longtemps sur un chemin rocailleux et pénible, aperçoit tout à coup à l'horizon le but de son voyage, on le voit tout boiteux précipiter sa marche et courir vers le gîte où le repos l'attend.

Or, pour nous qui voyageons sur le chemin pénible de nos souvenirs de guerre, Montretout, cette affaire malheureuse, c'est le commencement de la fin.

Faisons, s'il se peut, comme le voyageur.

XI

Le 20 janvier, nous nous occupâmes d'enlever de nos uniformes tachés de boue et de nos fusils noirs de poudre les traces du combat de la veille ; et ce n'était vraiment pas une petite ni facile besogne. Le soir, on nous distribua des cartouches pour remplacer celles que nous avions brûlées.

Le lendemain, avant le jour, nous recevions l'ordre de faire nos sacs. Un peu plus tard, vers huit heures, nous formions nos faisceaux dans la rue et nous apprenions que nous étions de piquet. Jusque-là, rien que de naturel, mais voici qu'à la tombée de la nuit nos sergents et nos caporaux viennent nous dire, et d'un ton propre à éveiller les plus fâcheuses suppositions, de nous tenir prêts à partir pour Paris au premier signal.

En entendant cela, nous nous regardâmes les uns les autres d'un air tout inquiet, tout effaré.

Faire le coup de feu contre l'étranger qui vous envahit, qui vous pille, qui vous tue, c'est fort bien ; on prend même plaisir à la tâche ; les rêveurs, les poëtes qui prétendent que les peuples ne sont pas sur la terre pour s'entre-déchirer se trompent étrangement, car il n'est en vérité rien de meilleur que cet atroce plaisir-là. Demandez plutôt aux Allemands. — Mais penser que l'on mettra sac au dos, que l'on entrera dans Paris, et que là, dans la rue, on dirigera son arme sur des Français, franchement, c'est dur ! On a beau se dire que ces hommes qui troublent l'ordre quand l'ennemi vous assiége sont de mauvais patriotes, des ambitieux, des misérables ; on songe aussi qu'il peut se trouver beaucoup d'égarés parmi ces misérables, et l'on se sent le cœur rempli tout à la fois de colère et de pitié. On voudrait pouvoir leur crier : « Tenez-vous donc tranquilles ! où sont les chefs ? que voulez-vous ? combien êtes-vous ? cinquante, cent, mille, dix mille, vingt mille ? Eh bien ! vous n'êtes pas le peuple. Le peuple, c'est tout ce qui travaille au bonheur de la nation pendant la paix, à sa défense pendant la guerre ; c'est tout ce qui, lorsqu'un empereur laisse tomber son épée dans la boue, accepte ou proclame la République et jure de la servir et la sert fidèlement. Mais vous ? vous qui, dans des jours de deuil, demandez des explications les armes à la main, la menace à la bouche ; vous qui, sous couleur de sauver Paris et la République, ensanglanteriez l'un et compromettriez l'autre, vous qui vous faites les complices de l'ennemi, vous n'êtes pas le peuple, vous êtes des factieux ! Allons, allez-vous-en ! Rentrez chez vous. Respectez la loi. Si vous êtes de braves gens, tenez-vous tranquilles. Je ne suis pourtant pas venu de mon village, moi, pour aller me battre contre des Français ! »

Telles sont les idées qui vous passent par l'esprit en de pareilles circonstances, et l'on regarde d'un œil colère ce fusil qui peut donner la mort à des parents ou des amis dans la mêlée. Dieu nous préserve de nouvelles guerres civiles, car rien que d'y songer on frémit d'épouvante !

Heureusement nous n'avons pas vu cela, nous autres.

D'abord, soit qu'il ne se passât rien de bien grave à Paris ce soir-là, soit pour toute autre cause, l'ordre de départ n'arriva pas, en sorte que nous demeurâmes paisiblement dans nos chambres toute la nuit, et que nous avions déjà presque oublié notre alerte de la veille lorsque le jour parut.

C'était un dimanche, un vrai dimanche, avec un ciel clair. Des fenêtres de nos logements on voyait la lumière grandir et s'étendre comme une gaze blanche au-dessus des toits du village ; on n'apercevait pas encore le soleil, mais on le sentait monter derrière les maisons de la grande rue; et fermant l'oreille au bruit du canon prussien qui bombardait toujours Paris, l'on s'abandonnait quelques instants à ses rêveries; l'on se disait : Comme c'est pur, comme c'est doux, ce ciel calme ! C'est la fin de la dure, c'est le beau temps qui revient !

Sur les dix heures du matin, cependant, nos clairons sonnèrent l'assemblée. Prévenus que nous étions depuis deux jours qu'au premier moment nous quitterions Courbevoie et transporterions nos pénates ailleurs, cette sonnerie ne nous émut pas plus qu'elle ne nous surprit. Chacun boucla tranquillement son sac, alluma sa pipe, prit son fusil, et descendit dans la grande rue de Courbevoie où le rassemblement avait lieu. Puis, nous partîmes. On disait dans les rangs que nous allions être cantonnés à la porte Maillot. Mais quand nous fûmes à la porte Maillot, nous continuâmes d'avancer sur l'avenue de Neuilly, si bien qu'au bout d'une heure nous nous trouvions dans les Champs-Élysées, à la hauteur du palais de l'Industrie auprès duquel nous fîmes halte. Un escadron de dragons, le sabre au poing, montait et descendait l'avenue. Nous comprîmes alors qu'il y avait tout au moins des symptômes de troubles dans Paris, et nous fûmes bien heureux de voir que, finalement, l'on nous faisait rebrousser chemin.

C'est à Neuilly sur la place du Marché, que nous nous arrêtâmes. Et là, conduits par nos fourriers, nous entrâmes dans les logements qui nous étaient assignés.

Nous achevions à peine de nous installer lorsque tout à coup nos clairons se remirent à sonner, et preste, preste, nous nous dirigeâmes de nouveau vers les Champs-Élysées que nous trouvâmes pleins de troupes, et d'où nous ne revînmes que le soir, vers huit heures, fatigués d'être sur nos jambes, éreintés de porter le sac, et donnant libéralement à tous les diables les émeutes et les émeutiers.

Le lendemain 23, nous apprîmes par les journaux que le calme était entièrement rétabli dans Paris : malheureusement il y avait eu collision et le sang avait coulé sur la place de l'Hôtel-de-Ville.

Le 24, il y eut au bataillon revue d'armes passée par les officiers. A quatre heures du soir, on nous prévint, sans nous en dire davantage, de nous tenir prêts à partir; mais au moment de nous mettre en marche contre-ordre arriva. Nous rentrâmes donc dans nos chambres, et cette fois encore nous demeurâmes chaussés et guêtrés toute la nuit.

Enfin, le 25, dans la matinée, toute la brigade quitta Neuilly. Aussi bien la brigade Fournès, cette brigade toujours au feu, ne pouvait séjourner plus longtemps dans un village où les obus n'arrivaient pas.

C'est vers midi seulement que se fit entendre pour nous le signal du départ; et deux heures après, grâce au chemin de fer de ceinture qui nous avait transportés de la gare de Courcelles à la porte de Vincennes, nous arrivions à Montreuil où nous reprenions possession de nos anciens cantonnements.

Ces chemins de fer ne sont pas, comme la poudre à canon et les instruments Krupp, une invention allemande ; mais, il faut en convenir, c'est tout de même une bien belle invention.

Le lendemain, à l'appel du matin, nous apprîmes que le bataillon était de piquet. Va pour le piquet ! Le temps, ce grand capricieux, s'était remis au froid ; et dame, la perspective de rester tout un jour et toute une nuit au logis dans l'attente d'ordres qui ne viendraient peut-être pas, cette perspective n'avait rien d'effrayant ni de désagréable.

Nous nous tenions donc pour tranquilles et pour satisfaits lorsque sur les neuf heures, au moment où la soupe s'apprêtait, un bruit de fanfare se fit entendre au dehors :

Allons, soldats, mettons vit' sac au dos, etc, etc.

C'étaient nos clairons qui sonnaient, et notre piquet qui se tournait en grand'garde.

En grand'garde ! personne ne voulait y croire. Partir pour la grand'garde en plein jour dans une région bombardée, alors qu'il était d'habitude de relever les avant-postes la nuit, cela nous paraissait imposssible. Il fallut cependant se rendre à l'évidence lorsque, l'appel ayant été fait, le bataillon se mit en marche dans la direction de la redoute de la Boissière.

« Heureusement, nous disions-nous, qu'il fait un peu de brouillard ! »

En moins de vingt minutes nous arrivâmes sur la route stratégique, une route très-fréquentée des obus. Là, trois compagnies : les 1ere, 3e et 4e, furent désignées pour aller relever les avant-postes de Rosny tandis que les cinq autres prendraient possession des tranchées du voisinage de la redoute, tranchées qu'un bataillon de gardes nationaux occupait depuis vingt-huit heures et qu'il était prêt à nous céder volontiers.

Ces dispositions étaient à peine prises que le brouillard, comme s'il n'eût attendu que notre arrivée sur le plateau pour disparaître, se dissipa subitement.

Voyant cela, nos officiers nous commandèrent de nous disperser pour ne pas offrir une cible aux coups de l'ennemi ; et tandis qu'une partie du bataillon gagnait ainsi les tranchées, l'autre descendait au village, en petites files d'une dizaine d'hommes, le long d'un mur de jardin, par un sentier bon pour les chèvres. Il va sans dire que déjà les obus pleuvaient.

Le bombardement continua tout le jour; le soir, il redoubla. Le fort de Rosny, abîmé, massacré, ripostait par bordées; la redoute tonnait aussi; et tout cela, joint au concert de détonations qui se faisait entendre de divers côtés dans l'éloignement, composait un vacarme infernal, mais un vacarme auquel les Allemands contribuaient naturellement pour la plus large part, se disant en leur charmante philosophie de gens logiques et de musiciens qu'ils sont, que lorsqu'on fait du bruit et lorsqu'on fait du mal on n'en saurait trop faire. Dieu sait la quantité de poudre qu'ils brûlèrent ce soir-là!

Pour nous, dans nos tranchées de la Boissière, derrière nos murs crénelés ou nos barricades de Rosny, nous n'étions pas sans ressentir par moments certaines émotions.

Il y avait surtout, à l'entrée du village, sur la route de Noisy-le-Sec, une barricade où le garde mobile en faction ne pouvait, si brave qu'il fût, s'empêcher d'éprouver de véritables appréhensions. Pour y venir, le poste principal du village étant auprès de l'église, on avait trois ou quatre cents mètres de distance à parcourir dans une rue couverte de débris et de plâtras. « Bien du plaisir, camarade, » vous disait en s'éloignant avec le caporal le factionnaire que vous aviez relevé. Et vous restiez là seul, avec votre chassepot, debout et pas trop fier derrière un tas de pavés. Alors, en promenant vos yeux de gauche à droite, vous aperceviez le feu d'une batterie prussienne du côté de Bondy ; tout d'un coup, la lumière grandissait : les Prussiens venaient de décharger une de leurs pièces ; au bout de quelques secondes, vous entendiez le coup, puis le sifflement de l'obus qui se rapprochait : et allez donc crier halte aux obus qui viennent ! le cœur vous battait un peu plus fort dans la poitrine : gare le projectile ! et vous n'étiez tout à fait rassuré que lorsque vous l'aviez entendu passer, se dirigeant vers le fort ou vers la redoute à travers le ciel tout parsemé d'étoiles. Parfois aussi, c'était à quelques pas de vous que s'abattait l'obus; puis un autre arrivait un peu moins loin, un peu plus loin, puis un autre, puis un autre encore; on se lassait de les compter.

A minuit tout cessa : ce fut comme un enchantement; et de prime abord nos oreilles accoutumées au bruit s'étonnèrent de ce silence. On écouta, pensant que le bombardement allait reprendre. Mais rien ne bougea : le canon faisait trêve.

C'était bien une trêve en effet. Bientôt un mot circula sur toute la ligne des avant-postes, un mot qui courait avec la rapidité de l'éclair : L'ARMISTICE.

En entendant ce mot, plusieurs s'attristèrent : on les vit froncer le sourcil et se mordre la lèvre; on devinait à les regarder qu'il leur fallait faire effort sur eux-mêmes pour se persuader que la lutte était finie ainsi, et que nous, les Français, nous étions les vaincus!

Mais faut-il l'avouer? pour quelques-uns d'entre nous qui s'affligèrent en apprenant cette nouvelle, beaucoup au contraire ne purent s'empêcher de témoigner leur joie. C'est que toute chose, même la plus amère ou la plus sombre, a son côté doux ou souriant : il y a du miel dans l'absinthe; tel regarde le nuage, tel autre l'ac-en-ciel. Pour les premiers, l'armistice c'était la France mutilée et mise à rançon; pour le plus grand nombre c'était la paix, le retour au village, la fin de la misère. Non qu'ils ne fussent patriotes, mais ils étaient las!

A quiconque les blâmerait plus que de raison aujourd'hui de leur indécente joie en cette occasion, nous nous permettrions de répondre : Si vous aviez partagé leurs fatigues, vécu de leur vie, vous seriez moins sévère.

Et puis, en admettant que ces mobiles n'aient pas été des patriotes dans le sens absolu du mot, à quoi s'en prendre? A quoi s'en prendre sinon à l'éducation qu'ils avaient reçue et au régime d'énervement et de démoralisation sous lequel ils avaient grandi?

Est-ce qu'ils savaient eux, ces jeunes gens élevés dans une atmosphère d'égoïsme et de scepticisme, qu'il n'y a rien sur la terre au-dessus de la Patrie, qu'il faut l'aimer plus que tout au monde, et que lorsqu'elle vous dit : Lève-toi! défends-moi! il faut se lever et la défendre, sans hésitation, sans faiblesse, comme on défendrait sa propre mère, dût-on succomber sous le nombre, eût-on la certitude de mourir?

On parle de la loi militaire. Assurément, celle qui nous régit encore et que l'on va refaire (1) est mauvaise. Une loi qui partage la société en deux castes : l'une qui verse son sang, l'autre qui ne verse que son argent, est une loi parfaitement immorale. Notons qu'entre autres désavantages, elle avait du temps de l'empire le don, fatal s'il en fût, de favoriser singulièrement les expéditions loin-

---

(1) Elle est refaite maintenant. Malheureusement la loi nouvelle, toute excellente qu'elle est auprès de l'ancienne, n'est pas encore la loi démocratique sur laquelle le pays était en droit de compter.

taines et ruineuses. Le bourgeois, le fermier qui venait d'*acheter un homme* à son fils, et qui lisait par hasard dans un journal que la France avait perdu quarante mille de ses enfants au Mexique, ne songeait pas à s'indigner. Pauvres gens! faisait-il; puis après un silence : « Bah! mon fils est là, lui, qui fait ses affaires; il a payé sa dette; deux mille cinq cents francs; hum! c'est cher. Enfin! » Et c'était tout. Et M. Rouher pouvait après cela déclarer que l'expédition du Mexique était la plus belle pensée du règne, il fallait, au dire de ce même bourgeois; être des hommes violents comme Jules Favre ou comme M. Thiers pour oser réclamer.

Donc cette loi militaire est tout à fait mauvaise. Pour nous en convaincre davantage, il nous suffirait, si nous n'avions de meilleures raisons, de nous rappeler que le premier mouvement de plusieurs d'entre nous quand on leva la garde mobile fut de s'écrier : « Ah ça mais, et mon argent? je suis donc volé? »

Mais ce n'est pas dans la loi militaire seulement qu'était le mal. Le mal, il était surtout dans cette morale qui consistait à dire : « Enrichis-toi ! Jouis ! Fais ton commerce, cultive ton champ, et bois, mange, prends du plaisir ! Il n'y a de vrai que ce que l'on touche : moque-toi du reste ! » Le mal, c'était qu'au lieu de nous montrer qu'une nation est une famille et que chacun se doit aux intérêts et à la défense de tous, on s'efforçait de nous rendre indifférents aux affaires publiques qui, disait-on, n'étaient pas les nôtres, d'étouffer en nous par des railleries tout ce que l'enthousiasme de la jeunesse a de plus noble et de plus généreux, de faire de nous enfin des gens positifs, au cœur froid, à l'esprit froid, fuyant l'émotion comme la peste et remplaçant la gaîté par l'insanité, l'amour par le libertinage, blasés, désillusionnés, vieux sans avoir vécu ! si bien que lorsque vinrent les jours néfastes et qu'il s'agit de combattre pour la patrie et pour la liberté, on put entendre par ci par là des voix discordantes s'écrier : « Allons bon, les grands mots ! Patrie, liberté, *quèque c'est que ça?* Connais pas! » C'était là qu'était le mal.

Cependant, il ne faudrait pas s'y tromper, dans ce dédain des grands mots qui dénote si souvent le dédain des grandes choses, et qui n'était d'ailleurs que le fait de quelques-uns, il y avait aussi de la *pose*, de la fanfaronnade, de cette fanfaronnade des gamins mal élevés qui veulent se faire passer pour vicieux. N'en croyons rien. La jeunesse actuelle, qu'on la loue ou qu'on la blâme, n'est pas si mauvaise que cela. Malgré l'horrible affaissement moral produit par l'empire, elle a prouvé que c'était bien encore le sang français avec son ardeur qui circule dans ses veines. Ce sang qu'elle est prête à verser de nouveau lorsqu'il en sera temps pour une grande cause, il a coulé généreusement sur les champs de bataille, et l'ennemi lui-même, à la bravoure de ces soldats improvisés, a reconnu les petits-fils de ceux de quatre-vingt-douze. Elle n'a pas, cette jeunesse, réclamé la paix ; peut-être, fatiguée des marches et des grand'gardes où s'usait une énergie qu'elle n'aurait pas demandé mieux que de déployer dans les combats, l'a-t-elle un peu trop chaudement accueillie; mais enfin, quand on aura bien débattu, bien discuté, bien amoindri ses mérites, il en est un, le plus beau de tous, qui restera debout et qu'on ne saurait lui dénier : celui d'avoir expié par ses souffrances les fautes qu'elle n'avait pas commises.

Le 27 janvier, dès le matin, des soldats de la ligne vinrent nous relever de notre grand'garde; et nous rentrâmes à Montreuil.

Le même jour, nous pûmes lire dans *l'Officiel* une note par laquelle l'armistice nous était expliqué. Cette note, la voici :

> Tant que le gouvernement a pu compter sur une armée de secours, il était de son devoir de ne rien négliger pour prolonger la défense de Paris. En ce moment, quoique nos armées soient encore debout, les chances de la guerre les ont refoulées, l'une sous les murs de Lille, l'autre au delà de Laval, la troisième sur les frontières de l'est. Nous avons dès lors perdu tout espoir qu'elles puissent se rapprocher de nous, et l'état de nos subsistances ne nous permet plus d'attendre. Dans cette situation, le gou-

vernement avait le devoir absolu de négocier. Les négociations ont lieu en ce moment. Tout le monde comprendra que nous ne puissions en indiquer les détails sans de graves inconvénients. Nous pensons cependant dès aujourd'hui que le principe de la souveraineté nationale sera sauvegardé par la réunion immédiate d'une assemblée; que l'armistice a pour but la convocation immédiate de cette assemblée; que pendant cet armistice l'armée allemande occupera les forts; que nous conserverons notre garde nationale intacte, et une division de l'armée, et qu'aucun de nos soldats ne sera emmené hors du territoire.

Ainsi, toutes nos armées battues, Paris sans pain, et — simple détail que la note oubliait et que nous avons su depuis — toutes les provinces non envahies affolées de peur, telle était la situation. Nous comprîmes. Nous comprîmes que c'était bien fini, que toute espérance de vaincre était morte, et qu'il ne restait plus aux patriotes qu'à pleurer en silence et à se résigner.

Ce sentiment de résignation, plus facile d'ailleurs à des provinciaux comme nous, Parisiens de passage, qu'à de vrais Parisiens qui voyaient succomber leur ville, le gouvernement de la défense nationale avait à craindre de ne le pas rencontrer partout. Il avait le droit d'appréhender qu'une poignée de factieux comme celle du 22 janvier ne soulevât contre l'armistice la masse des bons citoyens, si la masse des bons citoyens, exaltée par la rage et par la douleur, ne se soulevait d'elle-même. Et c'est, nous a-t-on dit, en raison de ces craintes que le 28 janvier, avant le jour, le régiment de Seine-et-Marne, qui s'attendait à rentrer dans Paris pour y être caserné, quitta ses cantonnements avec armes et bagages et s'en vint stationner durant trois heures, à la porte de Montreuil, s'étonnant fort, inquiet du gîte, de ne pas pousser plus loin.

Il paraît que nous étions envoyés là pour empêcher des bataillons de la garde nationale de se porter sur les forts qu'ils ne voulaient pas voir rendre aux Prussiens. Eh bien, franchement, nous ne nous en serions jamais doutés. Les gardes nationaux que nous trouvâmes au secteur étaient des gens qui paraissaient très-affectés d'un pareil dénouement, mais en même temps très-calmes.

Ils disaient que pour sauver Paris le gouverneur aurait dû se conformer au désir, souvent exprimé, de la population parisienne, c'est-à-dire employer la garde nationale à de fréquents coups de main, à des attaques multipliées dont le résultat eût été de retenir autour de Paris les armées allemandes ; donner de cette façon à nos armées de province le temps de s'organiser ; puis, à un moment donné, tenter avec le gros de nos forces une sortie formidable que nos armées de province auraient appuyée.

Ils savaient bien que la capitulation de Metz, dont ils parlaient comme d'une abominable trahison, avait rendu la tâche du gouvernement plus difficile, mais ils s'étonnaient que le général Trochu, qui passait pour un bon général, n'eût rien trouvé de mieux à faire que de nous laisser languir tous dans l'attente pour arriver un beau jour à nous dire qu'il fallait capituler, faute de subsistances !

A cela, nous répondions que c'étaient là des événements très-malheureux ; qu'à la vérité, la capitulation de Metz ressemblait fort à ce qu'ils disaient, mais qu'il ne fallait pas accuser à la légère ; et que, quant au gouvernement de la défense nationale, on ne pouvait lui reprocher aucun acte de ce genre ; qu'il avait pu faiblir en face de l'immensité de sa tâche, sans être pour cela coupable d'incapacité ni de mauvais vouloir ; qu'il était juste, au contraire, de lui tenir compte de ses efforts ; qu'en définitive, la longue résistance de Paris n'était pas un fait de peu d'importance et dont on dût peu se glorifier ; et que sur toutes choses il fallait se garder de faire le jeu des adversaires de la république en attaquant un gouvernement qui n'avait qu'un tort : celui de n'être pas composé de géants, et pour lequel l'Histoire se montrera très-indulgente parce que s'il est malheureusement vrai qu'il n'a pas sauvé la France, il est aussi non moins vrai qu'en faisant face au danger il a sauvé l'honneur.

Ces raisons ne déplaisaient nullement aux gardes nationaux ; seulement, furieux qu'ils étaient en eux-mêmes contre le général Trochu, ils maintenaient leur jugement et concluaient en disant que pour réussir à chasser l'étranger du territoire, il nous aurait fallu n'avoir pas du tout de maréchal Bazaine, avoir deux ou trois Faidherbes de plus, un peu moins de Trochus et un peu plus de Gambettas.

En somme, ces théories et ces opinions, loin d'être incompatibles avec le plus pur patriotisme, semblaient en découler naturellement, et nous étions d'autant moins disposés à les trouver dangereuses ou simplement mauvaises que plusieurs d'entre nous les avaient souvent exposées à leurs camarades sans que jamais personne eût eu l'idée de s'en scandaliser.

Ces gardes nationaux sont peut-être devenus des insurgés par la suite, c'est pour cela qu'il est bon de constater qu'à la date de l'armistice, c'est-à-dire avant la nomination de l'Assemblée, c'étaient des mécontents ou des patriotes, tout ce que l'on voudra, mais non des séditieux.

Enfin, sur les dix heures, les clairons sonnèrent le départ, et nous retournâmes à

Montreuil où nous rentrâmes dans nos cantonnements sans soupçonner le moins du monde le vrai motif pour lequel nous en étions sortis.

Le reste de la journée s'écoula tranquillement.

Mais le lendemain 29, peu d'instants après l'appel du matin, nous vîmes les marins du fort de Rosny passer dans la grande rue de Montreuil. Les Prussiens étaient venus pour occuper le fort et nos braves soldats avaient dû leur céder la place. Et maintenant, ils s'en allaient vers Paris, chargés de leurs bagages, les poings serrés, le dépit et la haine sur le visage comme dans le cœur, quelques-uns même des larmes dans les yeux.

De notre côté, sachant que toutes les troupes cantonnées dans la banlieue avaient reçu l'ordre de rentrer dans l'enceinte où le désarmement devait avoir lieu, nous nous tenions prêts à partir. Nous n'attendions plus que le signal.

A dix heures il se fit entendre, et les trois bataillons de Fontainebleau, de Meaux et de Provins s'étant rassemblés, le régiment se dirigea vers Paris à travers le village de Bagnolet où force lui fut de suspendre sa marche pour laisser défiler l'artillerie.

Nous restâmes là, dans la rue boueuse, à piétiner, un temps infini ! La pensée seule que nous allions trouver prête à nous recevoir quelque bonne caserne bourrée de matelas pouvait nous engager à prendre patience.

Il en est souvent ainsi dans la vie. On s'était promis d'arriver vite à son but; et puis, des obstacles imprévus se présentent, ou bien certaine curiosité que nous avons tous en nous nous pousse à regarder tout ce que nous rencontrons sur la route. Alors on s'aperçoit du retard; on tempête après l'obstacle, on se maudit soi-même. « Mais je devrais me reposer à cette heure ! » Hé, mon Dieu, patience, pauvre homme ! A quoi te sert de te plaindre? L'essentiel est que l'on arrive.

Nous arrivâmes.

Vilain quartier; vilain endroit. Un grand

boulevard, l'ancien boulevard extérieur planté de longues baraques de bois blanc. D'un côté, les murs du Père-Lachaise; de l'autre, des boutiques de marbriers avec leur assortiment de couronnes en tout genre et de tombes qui n'attendent plus qu'une inscription. Deux ou trois marchands de vin pour égayer le paysage, et même, — ô Watteau! qui l'eût cru? ô Valin! qui l'eût dit? — une fabrique d'éventails; fermée, naturellement. Les belles dames peuvent se passer d'éventails quand elles achètent les oignons enveloppés dans du papier de soie comme en temps ordinaire on achète les oranges.

C'était là, sur ce boulevard, dans ces baraques, que nous allions être logés.

La première impression fut mauvaise. Cependant nous entrâmes; et comme on vous regrettait, ô chère caserne, caserne bourrée de matelas que nous avions rêvée!

Qu'on s'imagine une construction rectangulaire de peu d'élévation avec un toit, le tout formé de planches assemblées; voilà pour le dehors. A l'intérieur, deux longs planchers inclinés se faisant face l'un à l'autre et laissant entre eux, élevés qu'ils sont de trente à quarante centimètres au-dessus du sol, un espace libre assez étroit pour qu'on n'y puisse circuler qu'avec peine : cet espace libre, c'est l'allée, le salon, le parloir, comme on voudra dire ; ces planchers, ce sont les lits. A chaque bout de l'allée une porte, et près de la porte, un poêle de fonte. Deux ou trois trous carrés ménagés dans la frêle muraille remplacent les fenêtres. Le local est sombre ; il peut contenir de deux à trois cents hommes ; le froid et l'humidité s'y plaisent et s'y font trop sentir, l'air ne s'y renouvelle pas assez. Telles étaient nos baraques. Charmant logement !

Mais bah, qu'importe ! les mauvaises impressions passent vite quand on a quelque peu goûté de la vie des camps, de cette bonne vie de misère et de gaîté, toujours la même, toujours nouvelle, où le corps s'accoutume à tout à moins qu'il ne se brise, où l'on se raille de ses propres souffrances, où la fatigue vous fait de la terre la plus dure le coucher le plus doux, où l'on trouve qu'un simple toit sur la tête, c'est du confortable et qu'une chambre sans meubles c'est tout-à-fait du luxe.

Nous nous installâmes donc en riant dans nos baraques tandis que les gamins du quartier avec leur air narquois et leur mine effrontée nous observaient du dehors, et rôdaient autour de nos cuisiniers auxquels ils apportaient les pavés nécessaires à la construction des fourneaux en échange d'un éclat de biscuit.

Ces gamins, quels gaillards !

Vous rappelez-vous, camarades, avec quelle attention ils épiaient nos mouvements et nos physionomies le jour du désarmement, lorsqu'il nous fallut voir s'en aller dans des voitures à l'adresse des Prussiens nos chassepots, nos pauvres chassepots dont nous n'avions eu que le malheur de ne pas assez nous servir ?

Et de leurs batailles, de leurs grandes batailles dans les terrains vagues qui s'étendent derrière la prison des Jeunes Détenus, vous souvenez-vous aussi? Quel tapage! De nos baraquements nous entendions le bruit et les cris. Pour eux les belles proclamations affichées sur les murs ne signifiaient rien; l'armistice n'existait pas; ces vaillants n'avaient pas désarmé. Ils se battaient Français contre Prussiens, les *Saint-Maur* contre les *Chemin-Vert* (1). Il fallait les voir! Un entrain charmant, une ardeur superbe! Ils s'en moquaient bien, de l'armistice! On les admirait: on se disait en les regardant : « Ceux-là seront de fameux soldats! Ils nous vengeront plus tard! » Parfois pourtant, lorsque l'affaire devenait trop chaude : lorsque la poussière ou les mottes de terre qui servaient de mitraille volaient en nuages trop épais et que les pierres sifflaient trop dru, il vous prenait comme une vague envie de ramasser d'une brassée trois ou quatre de ces acharnés guerroyeurs et de leur tirer les oreilles pour leur apprendre à se modé-

---

(1) Noms de deux rues du voisinage.

rer. Car c'est la modération qui leur manque, à ces petits Parisiens. N'importe, qu'on les élève bien, et les Prussiens verront beau jeu dans l'avenir.

En attendant, nos petits camarades aimaient assez à venir se chauffer à nos cuisines en plein vent, et plusieurs s'enhardissaient au point de demander à goûter le bouillon pendant que la viande cuisait, permission qui ne leur était jamais refusée. C'est ce que l'on put voir dès le soir de notre arrivée; puis, la nuit survenant, ils s'en allèrent comme une bande de moineaux effarouchés; et nous, après avoir soupé, causé, fumé, nous nous étendîmes sur nos lits, sur ces bons lits si durs où nous avons dormi si paisiblement, près de trente nuits de suite, couchés comme des frères, côte à côte.

En effet, plus de grand'gardes maintenant. L'armistice une fois conclu, notre rôle, à nous autres moblots, si la paix s'ensuivait, était terminé. Nous n'avions plus qu'à nous laisser vivre en attendant notre licenciement. Service nul! Pourvu que chacun se trouvât aux appels et aux distributions, cela suffisait. Encore pouvait-on y manquer sans encourir d'autre punition que les reproches de son propre estomac, en ce qui concernait les vivres, car, pour les appels et pour le reste, la discipline se relâchait. Donc, liberté complète de courir la ville, et dès le premier jour on en profita.

C'est alors, c'est alors seulement que nous comprîmes bien à quel point la misère était grande à Paris. Déjà, le 22 janvier, dans les Champs Élysées, nous avions vu des hommes scier des arbres par le pied pour en emporter les branches que des femmes, des vieillards, des enfants même venaient leur disputer. On dit que le malheur rend égoïste, et cependant nous n'avions pu nous empêcher de les plaindre. Mais quand nous vîmes ces longues files de gens hâves et tristes sur le trottoir à la porte des boutiques, nous nous sentîmes le cœur serré. Il fallait faire queue chez le boulanger, queue chez le boucher, queue aussi pour avoir du bois. Riches et pauvres, tout le monde souffrait ; cependant, les riches pouvaient envoyer leurs domestiques aux provisions, et puis on sait que l'argent fait des miracles... mais les ouvriers, les petits employés? Le mari était garde national, la femme ou les enfants passaient les trois quarts de la journée dans la rue, pour avoir au bout du compte un maigre morceau de cheval et la ration de pain. Et quel pain! Du son, de la paille hachée, des grains de riz, fort peu de farine de blé. Ils rentraient, mouillés par la pluie, gelés par le froid. On faisait un peu de feu qui s'éteignait bientôt, faute d'aliment. Un beau jour la maladie entrait à la maison et n'en sortait qu'en emportant quelqu'un.

Oh non, nous n'avons pas le droit de nous plaindre, nous autres! Souffrir soi-meme n'est rien, mais voir souffrir et mourir les siens, c'est réellement souffrir.

La mortalité, dans ce malheureux Paris, était effrayante. Du matin au soir, dans la rue de la Roquette et les rues avoisinantes, les cortéges se suivaient à la file, encombrant la chaussée ; et sur le trottoir, on était souvent obligé de se ranger pour faire place à des croque-morts portant sous leur bras, dans de petites boîtes de bois blanc, les petits enfants mal nourris qui s'en allaient au cimetière.

Nous avons vu ces choses, et quand nous songeons aux terribles événements qui se sont produits depuis, nous nous demandons, nous qui savons qu'une population malheureuse devient facilement injuste et méchante, et que rien, à part les factieux qui l'excitent, n'est plus propre à l'irriter que la défiance qu'on lui témoigne, nous nous demandons ce qu'il peut entrer de deuil, de souffrances, et peut-être même de colères légitimes, dans la plus sanglante, la plus effroyable et la plus déplorable des insurrections.

Cependant, dès la conclusion de l'armistice, les communications entre Paris et la province avaient été rétablies. Bientôt vivres et gens arrivèrent, et vivres et gens furent les bienvenus. Nous eûmes alors, nous les mobiles briards, la joie de voir beaucoup de nos compatriotes : C'étaient des parents, des amis qui venaient nous embrasser, nous donner des nouvelles du village. Oh! que de fois ne nous étions-nous pas dit pendant la campagne : « Que disent-ils? que font-ils? pensent-ils à nous? » Eux, pleins d'inquiétude, sitôt l'armistice signé, les chemins libres, ils étaient partis, à pied, en voiture, se chargeant des lettres et des commissions de ceux qui ne pouvaient pas venir. On les entourait : « Et mon père? et ma mère? et ma sœur? et ma tante? et ma cousine? » Ils nous apportaient du pain blanc. C'est bon, du pain blanc! et, tandis que nous mordions à belles dents dans la croûte dorée, ils nous racontaient les faits et gestes des Prussiens, leurs violences, leurs réquisitions, leurs exactions de toutes sortes; puis, notre appétit satisfait, ils nous demandaient de leur dire en échange nos ennuis, nos batailles et les brèches que la mort avait faites parmi nous.

Un des premiers qui vinrent visiter les mobiles de la 1re compagnie, ce fut un homme en blouse, en gros sabots, un vieux paysan aux cheveux gris. On voyait que pressé d'embrasser son fils, il n'avait point pris le temps de faire sa toilette avant de partir. Plusieurs d'entre nous qui le reconnurent tout de suite se détournèrent de lui comme pour ne pas en être reconnus eux-mêmes. C'était le père du garde mobile coupé en deux par un obus à Montreuil. Quand le bonhomme se retira, il pleurait à chaudes larmes.

Nos visiteurs qui, fort heureusement, n'avaient pas tous de semblables pertes à déplorer, nous parlaient aussi des élections, mais en passant et fort légèrement. De quoi s'agissait-il, en effet? De nommer une assemblée qui déciderait en sa sagesse s'il y avait lieu d'accepter les conditions de l'ennemi. Question de paix ou de guerre à résoudre; rien de plus. On verrait plus tard à nommer une Constituante. Pour le moment on se serait au pis-aller contenté des premiers venus. Mais ce n'étaient point les candidats qui manquaient. Ils étaient si nombreux, dans notre cher département, que des personnes douées de la meilleure mémoire ne pouvaient parvenir à nous réciter leurs noms. A la dernière heure, des affiches furent apposées sur nos baraques, des bulletins de vote nous furent distribués. Une liste complète des candidats de toutes les opinions aurait mieux valu, car certaines candidatures qui méritaient la lumière, entre autres celles de MM. Plessier et Despommiers, demeurèrent pour nous tout-à-fait dans l'ombre (1). On vota ; comment ? Nous avons vu plusieurs de nos camarades, garçons qui passaient pour intelligents, porter dans l'urne un bulletin qu'ils s'étaient à peine donné le temps de lire. D'autres, au contraire, plus difficiles et remplis de la lecture des listes de Paris, écrivaient sur leurs bulletins de

---

(1) M. Plessier était présenté aux suffrages des électeurs par ses amis ; M. Despommiers, fort des services rendus, se présentait lui-même. Ces deux messieurs n'obtinrent dans le bataillon de Provins que les voix de quelques mobiles qui les connaissaient particulièrement tout en ignorant parfaitement leurs candidatures.

vote quatre ou cinq noms illustres comme ceux de Victor Hugo, de Louis Blanc, de Gambetta, de Jules Favre, d'Edgar Quinet, toutes voix perdues, auxquels ils ajoutaient les noms plus modestes de deux ou trois des candidats du département pour compléter la pléiade.

C'est ainsi que se firent au bataillon les élections du 8 février.

Une seule candidature eut le don de réunir la presque unanimité des suffrages : ce fut celle de notre lieutenant-colonel, M. de Courcy. Notre ancien commandant n'était pas seulement aimé pour sa bravoure, il était adoré pour l'intérêt qu'il portait au moindre d'entre nous. Cet homme intrépide qui se riait de la mitraille et qui n'admettait pas qu'un Français pût avoir peur des balles, on l'avait vu pleurer en apprenant que dans telle ou telle affaire, il avait perdu quelques-uns de ses soldats. Le bataillon de Provins était, entre tous, son bataillon. Il nous disait : Mes enfants, et nous professions pour la plupart à son égard les sentiments d'affectueux respect que l'on a pour un père. Aussi, nos suffrages devaient-ils être considérés non comme l'expression d'un sentiment politique quelconque, mais comme de simples témoignages de notre estime profonde et de notre sincère affection.

C'est du reste de cette façon que notre lieutenant-colonel interpréta notre vote en sa faveur, et il sut nous en remercier par quelques-unes de ces bonnes paroles qu'il aimait à nous dire et dans lesquelles il savait toujours mettre un peu de son esprit et beaucoup de son cœur.

Les élections faites, les journaux s'empressèrent d'en publier les résultats. C'est alors que nous apprîmes que les sept élus de Seine-et-Marne étaient MM. Jozon, Oscar de Lafayette, Voisin, Horace de Choiseul, Jules de Lasteyrie, Othenin d'Haussonville et Louis de Ségur, tous hommes de talent mais d'opinions bien diverses.

Alors aussi Paris s'inquiéta; le vote de la province le mécontentait; il y voyait une menace; Paris avait proclamé la République, il avait souffert pour elle, il prétendait la garder. De là, une sorte d'irritation que les premières séances de l'Assemblée Nationale devaient accroître et qui se manifestait par des démonstrations auxquelles les circonstances et l'effervescence de certains esprits semblaient prêter un caractère de défi et de provocation. Il y avait, certes, une pensée pieuse et patriotique dans ces pélerinages de la garde nationale de Paris à la colonne de Juillet; et c'était un beau spectacle que de voir ce monument se couvrir de couronnes d'immortelles et porter jusqu'au ciel comme une protestation, le témoignage de la douleur du peuple et de son saint amour de la liberté. Mais que signifiait, hélas! ce drapeau rouge que nous avons pu voir un jour au sommet du monument? Est-ce que le drapeau tricolore ne nous suffisait plus? ou bien pensait-on épouvanter la réaction? A quoi bon faire un factieux du Génie de la Liberté? Et que signifiaient parfois encore ces paroles ardentes que des orateurs improvisés jetaient à la foule sans cesse renouvelée autour du monument? Pourquoi le mépris et les accusations là où le deuil seul était de mise? N'était-ce pas assez de nos malheurs sans que l'on fomentât la discorde, et que de ce qui n'était que de la défiance on fit jaillir la haine?

Car c'était là, nous ne saurions trop le répéter, le mot de la situation : la défiance ! Paris se défiait de l'Assemblée Nationale qui se défiait de lui. L'avenir dira si ce n'est pas de cette défiance mutuelle qu'est née l'insurrection.

Dès ce moment il était facile à qui réfléchissait de prévoir que tout cela finirait mal. Nous-mêmes, les moblots, si chaleureusement acclamés, si choyés à notre arrivée, nous devenions presque impopulaires. On n'était pas assez injuste pour oublier tout à fait nos efforts; mais on nous en voulait un peu de n'avoir pas réussi, d'être des provinciaux, d'encombrer les rues, de désirer la paix peut-être; et parfois, quand nous nous promenions dans les faubourgs, le regard farouche de quelque brave garde national qui se souvenait du 31 octobre et du 22 janvier semblait nous dire que nous gênions. Comme si, nous sentant mal à l'aise dans cette atmosphère de troubles et désirant vivement revoir le pays, nous n'eussions pas, vingt fois par jour, souhaité de nous en aller !

Mais ne parlons plus de ces tristes heures, de ces heures d'agitation précédant la tempête ; ne nous souvenons plus de ce grand peuple de Paris que pour plaindre ses malheurs, admirer son courage, sa résignation, son patriotisme ; oublions la Commune et toutes ses horreurs ; et s'il est vrai, comme nous le croyons, que le douloureux contraste de la misère et de la fortune, exploité, mis en relief par des énergumènes et par des ambitieux, a pu contribuer au développement de cette épouvantable insurrection ; s'il est vrai que la misère, ce grief éternel d'une certaine classe, existe encore, ayant à ses côtés sa fidèle compagne : l'ignorance ; s'il est vrai que ce sont là des plaies à guérir ou des problèmes à résoudre et qui ne trouveront leur guérison ou leur solution satisfaisante ni dans les coups de fusil des uns, ni dans les pontons des autres; à l'œuvre tous! laissons là cette *sage lenteur* qui n'est que le mot de ceux qui ne veulent pas avancer, et de quelque parti que nous soyons, d'un pas rapide et sûr, allons vers le progrès; travaillons tous à nous régénérer!

C'est le 15 février, huit jours à peine après les élections, que l'Assemblée Nationale se réunit à Bordeaux.

Qu'allait-il sortir de cette réunion? Les Prussiens attendaient.

La paix fut votée. Paix terrible et douloureuse! — elle nous coûtait deux provinces et cinq milliards, — mais non honteuse, comme on l'a parfois prétendu. En dépit de toutes les faiblesses et de toutes les trahisons, l'honneur national était sauf. Car où donc serait l'honneur s'il n'était dans la résistance opposée à l'ennemi qui vous envahit avec des forces toujours nouvelles? O grande nation blessée, qui te débattais sanglante sous les coups du vainqueur, la honte n'est pas pour toi ! Et lorsque, dans une des séances qui suivirent le vote de la paix, l'Assemblée Nationale proclama la déchéance de Napoléon III et le déclara responsable des malheurs de la patrie, un mouvement de satisfaction ranima toutes les âmes françaises : c'est que l'Assemblée Nationale, bien inspirée, cette fois, avait frappé juste ; nous nous sentions vengés.

Et cependant, aujourd'hui, de ces hommes qui proclamaient la déchéance de l'empire et le déclaraient responsable des malheurs de la patrie, combien n'en voyons-nous pas accuser, avec non moins de rigueur, le gouvernement de la défense nationale ? On croirait à la rage avec laquelle ils le poursuivent de leurs clameurs, qu'ils se rétractent de leur vote du 1er mars ou qu'ils l'ont oublié.

Mais qui donc, voyons, parlons sans colère, qui donc, encore une fois, avait déclaré la guerre ? Qui donc nous avait valu l'invasion ? Qui donc avait arboré le drapeau parlementaire à Sedan ? Qui donc, en lâchant sa flamberge toute vierge, avait causé la révolution du 4 septembre, ce jour où la France reprenait possession d'elle-même, cette date que nous autres jeunes gens, nous nous obstinions à considérer comme une date glorieuse au milieu de tant de dates néfastes? Qui donc avait laissé vides des arsenaux que des budgets annuels d'un nombre infini de millions aurait dû remplir? Qui donc enfin, avait, follement, sans raison spécieuse, sans motif plausible, dans le seul espoir d'entendre le bon peuple crier : vive Napoléon III, vive Napoléon IV ! précipité la France dans des aventures qui, grâce à nos dix-huit années d'énervement et de corruption devaient nous valoir défaites sur défaites, et se terminer fatalement, par quoi? Nous l'avons déjà dit. Qui donc avait fait cela?

Ne seraient-ce plus par hasard l'empire et l'empereur? Et qui donc avait fait l'empire?

Eh mais! ceux-là même qui se font les adversaires des hommes du 4 septembre, et qui, se décorant du titre de conservateurs, veulent renverser la République et qui parviendraient peut-être, à force de cris et de clameurs, à nous la faire haïr, si nous étions assez sots pour les croire. Comme si la République empêchait nos blés de pousser et nos pommiers de fleurir !

Aussi n'accuserons-nous jamais les hommes du 4 septembre de la perte des deux provinces et des cinq milliards que le traité de paix nous a coûtés. Nous savons d'ailleurs, et c'est une grande consolation, que si les milliards peuvent être à peu près considérés comme perdus, les provinces nous reviendront. Cet empire allemand porte en lui les germes de sa ruine. Quand un peuple fait tout pour la guerre et tout en vue de la guerre, sa prospérité ne saurait durer. Est-ce que notre premier empire n'est pas mort de cette maladie-là ? Et puis, ces roitelets de la Bavière, de la Saxe, du Wurtemberg se lasseront du maître qu'ils se sont imposés. Puisse Guillaume vivre assez longtemps pour voir cela ! Ils l'ont élevé sur le pavois, ils le porteront sur leurs épaules ! et quelque jour qu'ils se seront remués un peu, nous verrons le lourd despote, déchu de sa grandeur, rouler dans la poussière. Cette pensée nous est douce, et nous donnerions beaucoup pour la voir se réaliser. Mais si notre espoir est faux, si nos prévisions doivent se trouver déçues, si, grâce à la patience, à la docilité des principicules allemands, le faisceau des principautés englobées par l'empire ne se rompt pas sous le poids d'un Guillaume, eh bien, soit! nous nous consolerons volontiers de ce malheur, et nous ferons bon visage à la fortune qui nous permettra de retrouver ensemble devant nous ceux-là qui nous ont combattus.

Ces Allemands! Jamais peuple ne fut plus âpre à la curée, ni se montra plus rigoureux et plus hautain dans l'exécution stricte des traités. Pour eux, ce n'est pas assez de faire crier grâce à l'ennemi, ils tentent de l'humilier.

Ce Paris qu'ils avaient assiégé cent trente-trois jours, bombardé tout un mois, ce Paris que la faim seule avait vaincu, ils voulurent le voir, ils voulurent y faire leur entrée solennelle comme s'ils s'en étaient emparés par leurs propres forces! Une clause de l'armistice leur en donnait le droit. Quelle gloire !

Le 1er mars, ils entrèrent par le pont de Neuilly, d'abord un à un comme des peureux, puis en masse, et vinrent occuper le quartier des Champs-Elysées. C'était les recevoir dans l'antichambre. Depuis trois ou quatre jours, on avait fait passer l'armée de Paris sur la rive gauche. Nous campions pour notre part le long de l'avenue Lowendall, derrière les Invalides, à côté du Champ-de-Mars. En nous dirigeant de là vers le quai, nous apercevions fort bien nos ennemis qui se pavanaient et fumaient leurs pipes de porcelaine sur la place de la Concorde dont toutes les statues s'étaient voilées d'un crêpe, non de peur de rougir, — le marbre ne rougit pas, et de quoi donc, d'ailleurs, auraient-elles rougi? — mais pour ne point les voir! Partout d'ailleurs dans Paris, régnait la tristesse, beaucoup de boutiques étaient fermées; et de toutes parts aussi flottaient les drapeaux noirs.

Enfin, le 3, dans la matinée, nous vîmes que les Allemands étaient partis ; et les balayeurs de la ville de Paris savent seuls ce qu'il leur en coûta de peines et de travail pour nettoyer le quartier qu'ils avaient occupé.

Le lendemain — c'était un dimanche — on nous lut un ordre du jour dans lequel notre lieutenant-colonel de Courcy nous faisait ses adieux : « Vous êtes licenciés, nous disait-il. Vous partirez demain. Vous m'avez donné de la satisfaction, car vous avez montré du courage ; et je vous en remercie. Allez, mes enfants ! et soyez de bons citoyens comme vous avez été de bons soldats. »

Et le 6 mars, au petit jour, le bataillon sortit de Paris sous le commandement du capitaine Guillebaud. Notre lieutenant-colonel voulut nous accompagner jusqu'à la porte de Charenton. Là, il prit congé de nous, et nous poursuivîmes notre route. Le soir même, nous couchions à Brie-Comte-Robert. Cette première étape s'était faite dans le plus grand ordre ; les Allemands, hélas ! occupaient le pays, et la défaite a sa pudeur !

Le lendemain, nous arrivions à Rosoy. C'était là que les compagnies devaient se séparer et que chacune d'elles allait prendre le chemin de son canton. Arrêtons-nous aussi. Ces émotions du retour, ces villages que l'on se montre de loin et dont on se rapproche d'un pas rapide, ces maisons que l'on reconnaît, ces chiens qui viennent à vous en jappant dès l'entrée du village, et qui se frottent à vos jambes et qui veulent qu'on les flatte parce qu'ils vous ont reconnu; ces voisins qui sortent au bruit et qui vous pressent les mains, ce père qui se hâte d'accourir et qui vous embrasse, cette mère qui vous jette les bras autour du cou et qui vous arrose de ses larmes en disant : « Ah ! te voilà, mon enfant ! comme tu es pâle ! je ne croyais plus te revoir ! » et le cœur qui bondit dans la poitrine, et toutes ces paroles, toutes ces questions qui se croisent, tout ce bonheur, toute cette joie, non, ces émotions-là ne se racontent pas; on les éprouve, mais on ne saurait les rendre, tant il est vrai qu'il est des sentiments qui remplissent l'âme et que la parole humaine, avec toutes ses douceurs, avec toutes ses caresses, n'est pas assez souple, assez pénétrante, assez divine pour exprimer.

Et maintenant, un an s'est écoulé. En retrouvant nos familles, nous avons retrouvé nos occupations. Nous avons repris celui-ci la charrue, celui-là le marteau, tel autre la plume. Nous travaillons du matin au soir comme de bons ouvriers que nous sommes. Parfois, lorsque notre bras se lasse et que nous nous arrêtons, nous nous prenons à songer; et nous revoyons passer devant nos yeux notre vieux colonel Franceschetti, grave et calme, avec sa bonne grosse figure bourgeoise, monté sur son petit cheval noir; ou bien notre lieutenant-colonel de Courcy, le soldat déterminé, l'homme à l'air martial, à l'œil énergique, au maintien sévère; ou bien notre excellent commandant Arnoul, grave et calme, lui aussi, comme notre colonel; ou bien le capitaine Havard, le brave à trois poils qui jure et qui sacre, et dont les yeux souriants dénoncent un cœur d'or; ou bien encore son pendant, le capitaine Guillebaud, le courage incarné, nerveux et sec, avec ses grandes moustaches qui lui cachent la lèvre et sa bonne vieille pipe qui brûle toujours; et nous leur sourions, et il nous semble les entendre nous dire : Hardi, les enfants ! hardi, les moblots !

Et nous revoyons aussi les docteurs Phélebon et Gaillard, nos zélés docteurs; et l'adjudant major, et l'aumônier lui-même; et les capitaines, et les lieutenants et les sous-lieutenants : Monin, Perrin, Jacquot, Vinot, Michelon, Lansiaux; Moreau, de Gascq, Jeannaire, Deu, Blaise, Prieur, Vuaroqueau, Sucet; Cotte, Legueux, Jeulin, tous enfin, car il y aurait injustice à ne pas les nommer tous; Combe, de Moulignon, Laurenceau, Dubern, Chalot; nous les revoyons tous, c'est comme un rêve; et il nous semble les entendre nous dire : Hardi, les amis! courage, les moblots!

Et nous reprenons vaillamment notre tâche de travailleurs et de citoyens.

Le soir, quand la journée est faite, nous nous réunissons à nos amis, et pour nous délasser de nos fatigues, pour nous distraire et nous instruire, nous ouvrons un livre. Nous apprenons ainsi notre histoire : comment nos pères ont fait la révolution, aboli la royauté, repoussé l'étranger et fait trembler l'Europe qui, plus tard, hélas! après qu'un Bonaparte, premier du nom, eût épuisé le sang de la France, nous ramena les Bourbons pour se venger. Nous apprenons comment cette Restauration ne restaura rien que la fortune des émigrés, comment éclatèrent les journées de juillet 1830, comment Louis-Philippe, devenu roi, régna dix-huit ans et vit échouer un beau jour sa triste royauté sur les tas de pavés élevés par la colère du peuple; comment la République lui succéda; comment, belle et rayonnante d'abord, elle fut compromise en juin par quelques-uns de ses partisans mêmes et violée plus tard par celui qui devait la garder. Nous remarquons en passant que ce commencement de l'empire répondait parfaitement à tout ce que nous connaissons de la suite et de la fin, et que rien n'est plus logique en somme qu'un gouvernement qui, né du crime, s'abîme dans la honte. Puis, nous nous demandons où nous en sommes ; nous nous étonnons que depuis quatre-vingts ans, nous ayons fait si peu de chemin, et nous souhaitons de tout notre cœur que notre jeune République ne rencontre pas sur sa route de prince qui se prenne d'un beau caprice pour elle; car, quand un prince embrasse la République, c'est pour l'étrangler. Nous lisons ces histoires à voix haute pour que chacun les entende et les fasse comprendre à d'autres.

Quelquefois aussi, quand les livres manquent et que nous voulons être renseignés sur les affaires, nous ouvrons un journal qui nous met au courant de ce qui se passe. C'est ainsi que l'an dernier nous avons su par le *Nouvelliste* et par l'*Indépendant*, ces deux francs ennemis, qu'une commission militaire, instituée pour classer par ordre de mérite les régiments de gardes mobiles de toute la France, avait accordé le premier rang à la mobile du Loiret, le 2ᵉ à la mobile de Seine-et-Marne; et de cette deuxième place nous sommes aussi fiers que nos camarades du Loiret peuvent l'être de la première.

C'est encore par les journaux qu'au mois de janvier dernier nous apprîmes qu'un service funèbre aurait lieu le 19, anniversaire de Montretout, dans l'église Sainte-Croix de Provins. Au jour dit, l'église tendue de noir, était pleine d'une foule silencieuse et recueillie. Pourtant, beaucoup d'entre nous ne purent assister à la cérémonie; mais ils se sont associés de cœur aux hommages rendus à ces chères victimes : nos pauvres camarades morts pour la patrie. Tous, en effet, nous avons vu la mort d'assez près pour garder fidèlement la mémoire des morts.

La cérémonie terminée, les journaux en ont publié le compte-rendu.

Enfin, ces journaux ont du bon; ils nous

ouvrent les idées, ils nous intéressent, ils nous amusent, ils nous forcent à réfléchir. En ce moment, ils sont remplis de nouvelles favorables : la récolte promet d'être excellente : les foins sont très-beaux les blés sont superbes ; le commerce va bien, la confiance renaît, les ateliers ne chôment plus ; tout marche, tout ressuscite, tout se relève, (1) et nous admirons naïvement notre président de la République : M. Thiers, un monarchiste devenu républicain sur ses vieux jours.

De leur côté les Prussiens se retirent : c'est comme un gros nuage noir qui s'en va. Le voici bientôt au bas de l'horizon. Encore un peu de temps, on ne le verra plus. Bon voyage ! Mais il restera là-bas, hélas ! derrière la chaîne de montagnes, derrière les Vosges aux cimes élevées, là-bas où l'on souffre, où l'on pleure en silence, où l'on nous attend.

Patience ! patience !

Plus tard, dans quelques années peut-être, la France, redevenue forte et puissante, se

(1) Témoin l'emprunt de trois milliards quatorze fois couvert.

lèvera pour la revanche. Alors, ceux d'entre nous que la loi rappellera partiront, et de nombreux volontaires marcheront avec eux. On reverra dans les rangs de notre armée réorganisée les vaillants de la dernière guerre. Officiers et soldats, mûris par le travail et par la pensée, devenus plus graves et plus calmes, mais plus que jamais remplis du sentiment du devoir et de l'amour de la patrie, voudront se dévouer encore. A la Lorraine, à l'Alsace qui du cœur nous appellent, ils répondront : Voici la France ! et la lutte sera grande ; et cette fois la fortune qui nous a châtiés se montrera pour nous, car si la guerre est odieuse et criminelle qu'un prince engage ou poursuit pour la satisfaction de son ambition personnelle ou pour l'asservissement d'une province ou d'une nation, la guerre est juste et sainte dans laquelle un peuple n'a pour but que de délivrer des opprimés et de reconquérir des frères !

APPENDICE

TABLEAU

DES

OFFICIERS, SOUS-OFFICIERS ET CAPORAUX DU BATAILLON DE PROVINS

(à la date du 12 décembre 1870 *.)

ÉTAT-MAJOR.

MM.

Arnoul Charles, 53 ans. Élu le 19 novembre au grade de *chef de bataillon* — (30 années de services antérieurs ; 15 ans d'Afrique, 30 campagnes ; capitaine au 81ᵉ de ligne, le 8 août 1861. Chevalier de la Légion d'Honneur du 5 août 1859 ; retraité.)

Vinot-Barmont, 55 ans, *lieutenant officier-payeur*, nommé le 27 juillet 1870. — (32 années de services antérieurs, 4 campagnes ; adjudant de 1ʳᵉ classe dans l'intendance militaire du 9 octobre 1851 ; retraité.)

Laubry Louis, 23 ans ; *lieutenant adjudant-major*, par décision ministérielle du 11 novembre 1870.

Phélebon Paul, 24 ans ; *aide-major*, du 25 septembre 1870.

Gaillard Georges, 23 ans ; *aide-major*, du 27 octobre 1870.

Raymond (l'abbé). *Aumônier* du 38ᵉ régiment provisoire.

* Voir note XVI.

IV

CAPITAINES

(Par rang d'ancienneté).

MM.

Havard Antoine, 54 ans. Élu le 20 septembre 1870, capitaine de la *quatrième compagnie*. — (31 années de services antérieurs ; 8 campagnes, Afrique, Crimée, Italie ; capitaine au 64e de ligne le 1er sept. 1855, chevalier de la Légion d'Honneur en 1859 ; retraité.)

Guillebaud Louis, 50 ans. Détaché du 14e de ligne par ordre ministériel ; capitaine de la *cinquième compagnie*. — (29 ans de services antérieurs ; 8 campagnes, Crimée, Italie ; capitaine au 14e de ligne, du 17 septembre 1866 ; chevalier de la Légion d'honneur du 12 août 1864.)

Lansiaux Antoine, 50 ans. Élu le 20 septembre 1870 capitaine de la *deuxième compagnie*. (Services antérieurs : 30 ans ; lieutenant de gendarmerie le 12 mars 1864, chevalier de la Légion d'honneur du 12 décembre 1866 ; retraité.)

Michelon Jean-Baptiste, 39 ans. Élu le 20 septembre 1870, capitaine de la *première compagnie*. — (Services antérieurs : 9 ans, 13 campagnes, Italie, deux blessures, sergent-major d'infanterie en 1859, décoré de la médaille militaire.)

Monin Médard, 54 ans. Élu le 20 septembre, capitaine de la *huitième compagnie*. (7 ans de services antérieurs ; caporal au 14e infanterie.)

Perrin Félix, 31 ans. Élu le 20 septembre, capitaine de la *troisième compagnie*. — (2 ans de services antérieurs comme soldat aux chasseurs à pied.)

V

Dubern de Boislandry, 34 ans. Élu le 20 septembre capitaine de la *septième compagnie.*

Jacot Amédée, 42 ans. Élu le 19 novembre, capitaine de la *sixième compagnie.* — (16 ans de services antérieurs, 8 campagnes, Afrique, Crimée, une blessure; sous-lieutenant au 83ᵉ de ligne le 2 août 1858; démissionnaire le 12 août 1864.)

LIEUTENANTS

MM.

Jeannaire Ernest, 23 ans. — Elections du 20 sept. 1870, 7ᵉ compagnie. — (3 ans et demi de services antérieurs comme engagé volontaire du 2 novembre 1866; maréchal des logis aux guides.

De Gascq Félix Arthur, 26 ans. — Élu le 20 septembre, 3ᵉ compagnie.

Moreau Louis Émile, 26 ans. — Élu le 20 septembre, 1ᵉ compagnie.

Prieur Ernest, 22 ans, —   «   1ʳᵉ compagnie.

Roger Gabriel Justin, 25 ans,   «   8ᵉ compagnie.

De Moulignon Émile, 22 ans, — 19 novembre 1870, 2ᵉ compagnie.

Vuaroqueau Georges, 25 ans, — 20   «   5ᵉ compagnie.

Deu Joseph, 39 ans. Lieutenant à la 6ᵉ compagnie du 25 novembre 1870. — Services antérieurs : 10 campagnes, Afrique, Italie, cinq ans en mer comme marin; sergent instructeur aux chasseurs à pied du 1ᵉʳ mars 1855; médaille militaire en 1862.

Blaise Léon, 24 ans. — *A la suite;* 11 décembre 1870, décision ministérielle.

VI

SOUS-LIEUTENANTS

MM.

Combe Gustave, 24 ans. Élu le 20 septembre : 3e compagnie.

Dubern Prosper, 21 ans.   «   5e compagnie.

Legueux Victor, 30 ans. Élu le 20 sept., 8e compagnie. — (7 ans de services antérieurs et 3 campagnes, — soldat du génie.)

Laurenceau Louis, 32 ans; ancien soldat au 56e de ligne. Élu le 20 septembre, 7e compagnie.

Jeulin Prosper, 27 ans. Élu le 20 septembre, 4e compagnie.

Sucet Pierre, 22 ans. Sous-lieutenant du 19 novembre 1870 à la 2e compagnie.

Cotte Jules, 29 ans. Sous-lieutenant du 25 novembre à la 6e compagnie (services antérieurs : 10 campagnes; sous-officier d'artillerie de marine.

Chalot Jules, 37 ans. Sous-lieutenant à la 1re compagnie : décision ministérielle du 11 décembre 1870. — (13 ans de services antérieurs; 4 campagnes : sous-officier d'artillerie de marche; médaille militaire.)

SOUS-OFFICIERS ET CAPORAUX (1)

Adjudant sous-officier : **Bridou**

1re Compagnie.

Pron Louis, *sergent-major*. **Vinot** Arthur, **Dufresne** Léon, **Félix** Joseph, **Prieur** Georges, *sergents*. **Mastre** Charles Alfred, *sergent-fourrier*.

(1) Tous ces sous-officiers et caporaux, sauf peut-être deux : les caporaux Jean Demontigny et Jean Coussu, deux anciens soldats, étaient des hommes de vingt à vingt-cinq ans.

Caporaux : **Dodillon** Marius-Émile, **Bourbonneux** Alfred, **Bourgine** Edmond, **Houdard** Louis, **Rotival** Arthur, **Petit** Auguste, **Harbault** Olympe, **Lemaire** Amable.

2ᵉ Compagnie.

Legendre Edmond, *sergent-major*. **Bonsang** Alexandre, **Boucher** Alfred, **Balâtre** Alfred, **Lhermitte** Albert, *sergents*. **Profit** Denis, *sergent-fourrier*.

Caporaux : **Dolorozoy** Louis, **Michel** Louis, **Guyot** Alexandre, **Masure** Albert, **Lemistre** Jean, **Rousselet** Alfred, **Demontigny** Jean, **Guérin** Alphonse.

3ᵉ Compagnie.

Boudier Louis, *sergent-major*. **Macquin** Alfred, **Gâtheau** Louis, **Laroche** Alexandre, **Simonet** Désiré, *sergents*. **Roger** Eugène, *sergent-fourrier*.

Caporaux : **Denizot** Alexandre, **Bailly** Louis, **Lenoir** Hippolyte, **Jamot** Pierre, **Durand** Louis, **Giloppé** Édouard, **Norblin** Eugène, **Gonthier** Eugène.

4ᵉ Compagnie

Arnoux Albert, *sergent-major*. **Cartereau** Léon, **Mareschal** Oscar, **Macquin** Étienne, **Sachot** Ernest, *sergents*. **Picard** Auguste, *sergent-fourrier*.

Caporaux : **Penancier** Adrien, **Minost** Paul, **Chenu** Louis, **Macquin** Léopold, **Carré** Louis, **Coussu** Jean, **Gibault** Raphaël, **Chopinet** Hugues.

5ᵉ Compagnie.

Billy Victor, *sergent-major*. **Bertier** Camille, **Vignier** Oscar, **Mandre** Alphonse, **Lombard** Joseph, *sergents*. **Tassin de Villiers**, *sergent-fourrier*.

Caporaux : **Chatriot** Victor, **Minat** Frédéric, **Vinat** Louis, **Picoiseau** Frédéric, **Devolle** Frédéric, **Mary** Louis, **Pacon** Joseph, **Maréchal** Adolphe.

6ᵉ Compagnie.

Thévenez Léonide, *sergent-major*. **Lebœuf** Émile, **Fanielle** Hector, **Moret** Edmond, **Robinot** Oscar, *sergents*. **Cothenet** Victor; *sergent-fourrier*.

Caporaux : **Bérard** Albert, **Navier** Emile, **Lange** Théodore, **Durand** Louis, **Barbier** Victor, **Mirvaux** Alexandre, **Toudy** Félix, **Buret** Philéas.

7ᵉ Compagnie.

Dauptain Ernest, *sergent-major*. **Lebœuf** Jules, **Dubois** Louis. **Passetemps** Albert ; **Lantoine** Henri, *sergents*. **Lenoble** Eugène, *sergent-fourrier*.

Caporaux : **Coutrot** Arthur, **Rivel** Serge, **Bégis** Albert, **Lallemand** Alfred, **Guillaume** Albert, **Chapelle** Alcée, **Hardy** Ernest, **Leblanc** Jules.

8ᵉ Compagnie.

Monin Charles, *sergent-major*. **Bourgeoisat** Alexandre, **Pigot** Gustave, **Bonnin** Louis, **Roger** Louis *sergents*. **Cherrier** Albert, *sergent-fourrier*.

Caporaux : **Chaudieu** Louis, **Guyot** Louis, **Meignein** Gustave, **Jeannin** Eugène, **Labarre** Stanislas, **Portal** Charles, **Bertrand** César, **Cuissot** Louis.

IX

ÉTAT NOMINATIF

Des officiers, sous-officiers, caporaux et soldats du bataillon de Provins, tués, blessés ou disparus depuis le 28 novembre 1870, jusqu'à l'armistice (1).

OFFICIERS

Lanciaux Antoine, capitaine de la 2ᵉ compagnie, blessé d'un éclat d'obus au genou, 19 janvier 1871. (*Garches*).

Dubern de Boislandry, capitaine de la 7ᵉ compagnie, mort à l'hôpital, le 25 janvier 1871.

Jeannaire Ernest, lieutenant à la 7ᵉ compagnie, bessé légèrement à la jambe par une balle. *Garches*.

Roger Gabriel Justin, lieutenant à la 8ᵉ compagnie, tué à l'ennemi. *Garches*.

Combes Gustave, sous-lieutenant, blessé légèrement au bras. *Garches*.

Boudier Léon, sergent-major, faisant fonctions de sous-lieutenant, 3ᵉ compagnie. Blessé d'un éclat d'obus.

---

(1) Nous publions cette liste telle qu'elle a été dressée dans les jours qui suivirent la fatale affaire de Montretout. De ceux qui sont portés ici comme blessés ou comme disparus, plusieurs peut-être sont morts : hélas ! nous ne connaissons pas encore bien l'étendue de nos pertes. On remarquera que les noms des hommes morts de maladie à l'hôpital manquent sur ce tableau, ce n'est point notre faute : nous aurions voulu mêler aux noms des victimes de la bataille, les noms des victimes de la maladie, cela nous a été impossible ; et il ne nous reste qu'à témoigner nos regrets de n'avoir pu réaliser cette bonne pensée.

X

SOUS-OFFICIERS, CAPORAUX ET SOLDATS.

1re COMPAGNIE.

Michenon Gustave, tué le 5 janvier 1871. *Montreuil.*
Hureau Denis Désiré, blessé d'un éclat d'obus aux jambes, 5 janvier. *Montreuil.*
Paratre Denis Vincent, blessé au visage. *Montreuil.*
Morlet Louis Edmond, mort à l'hôpital.
Corbedanne Édouard, blessé au bas-ventre, par une balle, *Garches*, le 19 janvier 1871. Mort.
Grimbert Jules, blessé au bras par une balle. *Garches.*

2e COMPAGNIE.

Guyot, *caporal*, blessé d'un éclat d'obus à la jambe, le 30 novembre. *Bry-sur-Marne.*
Giraudot Alphonse, garde. Blessé d'un éclat d'obus au talon. *Bry.*
Judas Gustave, blessé à la main droite *Garches.*
Mereure François, — — —
Dhérot Isidore, — à la cuisse gauche. —
Henriet Rose, — — —
Hurand Louis, — au bras gauche. —
Tarroux désiré, — au bras et à la cuisse. —
Brodard Étienne, — à la main droite. —
Roche Alexandre, — à l'épaule droite. —
Devilliers Clément, — au pied droit. —

3ᵉ COMPAGNIE.

Delors Ernest, *clairon*, blessé à la jambe gauche le 30 novembre 1870. *Bry-sur-Marne.*

Coutrot Isidore, garde blessé au talon par une balle, le 2 décembre 1870, village de *Bry*.

Gradelet Victor, blessé d'un coup de baïonnette à la main droite, le 30 novembre 1870. *Bry*.

Lucquin Augustin, frappé d'une balle; amputé à l'ambulance de l'ennemi, 19 janvier 1871. *Garches.*

Giloppé Édouard, *sergent-fourrier*, blessé à la main. *Garches.*

Horsin Eusèbe, blessure à la cuisse. — Mort.

Vajou, blessure grave. Mort.

Thibault Louis, blessé au bras, le 19 janvier 1871. *Garches.*

Dabel Alfred, — à la tête, — *Garches.*
Leroy Alexandre, — à la main, — —
Roussin Joseph, — — — —
Pachot Romain, — — — —
Durand Anatole, — — — —
Fayolles Henri, — à la jambe, — —
Benoist Alphonse, — — — —
Coutrot Benoni, disparu, — —
Francault Eugène, — — — —
Mignot Alfred, — — — —

4ᵉ COMPAGNIE

Fassier Adolphe, blessé d'un éclat d'obus à la jambe, le 30 novembre, à Bry, médaille militaire. Mort à l'hôpital Saint-Louis, le 4 décembre.

Moreau Constant, blessé d'un éclat d'obus à la jambe, le 30 novembre, à Bry. Mort.

Blanchard Rodolphe, blessé à Bry, amputé de la jambe gauche ; chevalier de la Légion d'honneur. Mort.

Mareschal Oscar, *sergent*. Blessé par une balle au-dessus du sein gauche le 19 janvier 1871, à *Garches*. Médaille militaire. Mort à la suite de sa blessure.

Glénisson Émile, garde, blessé d'un coup de feu au bras. *Garches*.

Bellefille Émile, blessé par une balle à la jambe droite. *Garches*.

Bigot Félix, — à la main. *Garches*.

Renard Isidore, disparu (fait prisonnier.) —

Chevry Émile, disparu le 19 janvier, —

Noël Victor, — — —

Fassier Alexandre, blessé légèrement. *Garches*.

Saussier Jules, — à la joue. —

Grandru Émile, mort à l'hôpital. . —

5ᵉ Compagnie.

Legras Étienne, blessé à la main par une balle, le 30 novembre, *Bry-sur-Marne*. Mort à la suite de sa blessure.

Prieur Louis, tué à l'ennemi. Éclat d'obus. *Bry-sur-Marne*.

Angenost François, blessé à l'épaule gauche par une balle. *Bry-sur Marne*. Médaille militaire.

Billy Victor, *sergent-major*. Blessé d'un coup de feu à l'épaule gauche, *Garches*. Médaille militaire.

Lebel Désiré, garde. Un doigt de la main emporté. *Garches*.

Brouard Auguste, coup de feu au pied droit. *Garches.*
Bernard Anatole, disparu. —
Gauthier Célestin, blessure au poumon. —
Champcenest Lucien, blessé d'un coup de feu à la jambe gauche. *Garches*. Mort.
Bailly Achille, plusieurs coups de feu dans les jambes. *Garches.* Mort à la suite de ses blessures.
Lenoble Auguste, tué à l'ennemi. *Garches.*
Vinat Louis Paul, *caporal*. Blessé de plusieurs coups de feu le 19 janvier 1871, à *Garches*. Médaille militaire.
Virré Savinien, disparu à *Garches ;* mort à Versailles.
Garmont Eugène, blessé à la main droite. *Garches.*
Cordier Bénony, plaie contuse au bras gauche. —
Saviard Hilaire, contusion à l'abdomen ; éclat d'obus, le 19 janvier 1871, à *Garches.*
Lebel, garde, mort à l'hôpital. *Garches.*
Charreyron Alfred, *sergent-fourrier*, mort à l'hôpital. *Garches.*
Mary Louis, *caporal*. Tué le 21 décembre 1871, près de la ferme de Groslay.

6e COMPAGNIE.

Cognot Désiré, garde. Blessé à la jambe gauche. *Bry-sur-Marne.*
Mirvaux Alexandre, « au bras droit. *Garches.*
Toudy Félix, blessure légère à la tête. —
Boileau Émile, blessé d'un éclat d'obus au genou. *Garches.* Mort.
Vendre Auguste, Blessure à la main gauche. *Garches.*
Rodemburger Joseph, — — droite. —
Dumont Alexandre, — au talon. Éclat d'obus. *Garches.*

Guérard Honoré, blessé à la main par une balle, le 19 janvier, à *Garches*. Mort.
Bessonat Firmin, contusionné au bras gauche. *Garches*.
Guillaume Louis, blessé à la main gauche. *Garches*.
Jolly Xavier, blessé a la chute des reins par une balle. *Garches*.
Douville Charles, — à la cheville.   *Garches*.
Chauché Victor, *volontaire*. Tué à l'ennemi. —
Fenou Alexandre, blessé à la main gauche.   —
Moreau Louis,   disparu.   —

7ᵉ Compagnie.

Courtois, disparu le 30 novembre 1870. *Bry-sur-Marne*.
Petiot François, —   —   —
Ramier,   —   —   —
Lebœuf Jules, *sergent*. Blessé à la cuisse. *Garches*.
Michenon Arthur, garde. Blessé d'un coup de feu. —
Henriet Étienne,   — au genou.   —
Jolly Zéphirin,   — à la jambe.   —
Barbier Auguste,   —   —   —
Gillon Théophile   — au bras.   —
François Alexandre, quatre doigts de la main gauche emportés par un éclat d'obus, le 19 janvier. *Garches*.
Piron Alfred,   blessé à la cuisse; éclat d'obus. —
Daras Octave,   contusionné.   —
Dubois Louis,   —   —
Michel Victor,   --   —

8ᵉ COMPAGNIE.

Trévé Albert, *sergent-fourrier*. Disparu le 30 novembre 1871. *Bry-sur-Marne.*
Jérôme Jules, garde. Disparu le 30 nov. 1871. *Bry.*
Dubayer Jules, — — —
Cendrier Narcisse, blessé d'une balle au pied droit. *Garches.*
Pigot Léon, mort à l'hôpital. *Garches.*
Mulot Louis, — — —
Michon Édouard, — — —
Bouron Victor, blessé d'une balle au coude. —
Chériot Ernest, éclat d'obus dans la jambe gauche. *Garches.*
Chaise Joachim, — au côté droit. *Garches.*
Rousselet Oscar, — à la jambe gauche. *Garches.*

XVI

LISTE DES RÉCOMPENSES

LÉGION D'HONNEUR.

A la suite du combat du 30 novembre 1870 :

Nommé chevalier : **Blanchard** Rodolphe, à la 4ᵉ compagnie. (Mort à la suite de ses blessures.)
Promu au grade d'officier : **Havard** Antoine, capitaine de la 4ᵉ compagnie.

A la suite du combat du 19 janvier 1871 :

Nommé chevalier : **Michelon** Jean-Baptiste, capitaine de la 1ʳᵉ compagnie.

MÉDAILLE MILITAIRE.

A la suite du combat du 3 novembre 1870 :

Fassier Adolphe, garde, 4ᵉ compagnie. (Mort à la suite de ses blessures.)
Angenost François, garde, 5ᵉ compagnie.

A la suite du combat du 19 janvier 1871 :

Billy Victor, sergent-major, 5ᵉ compagnie.
Mareschal Oscar, sergent, 4ᵉ compagnie. Mort à la suite de ses blessures.
Demontigny Jean, caporal, 5ᵉ compagnie, détaché aux francs-tireurs.
Vinat Louis Paul, caporal, 5ᵉ compagnie.

XVII

RAPPORTS OFFICIELS

SUR LES SORTIES

DE CHAMPIGNY ET DE MONTRETOUT.

Nous croyons bon, pour l'instruction de nos lecteurs, de reproduire ces rapports qui donnent une vue de l'ensemble des opérations militaires dans les journées dont les Allemands, tout vainqueurs qu'ils sont, garderont longtemps un mauvais souvenir.

CHAMPIGNY.

Les dernières sorties opérées par l'armée de Paris pendant les journées des 29 et 30 novembre, 1er, 2 et 3 décembre, ont amené des engagements sur la plupart des points des lignes d'investissement de l'ennemi.

Dès le 28 novembre au soir, les opérations étaient commencées.

A l'est, le plateau d'Avron était occupé à huit heures par les marins de l'amiral Saisset, soutenus par la division Hugues, et une artillerie nombreuse de pièces à longue portée était installée sur ce plateau, menaçant au loin les positions de l'ennemi et les routes suivies par ses convois à Gagny, à Chelles et à Gournay.

A l'ouest, dans la presqu'île de Gennevilliers des travaux de terrassement étaient commencés sous la direction du général de Liniers; de nouvelles batteries étaient armées, des gabionnages et des tranchées-

XVIII

abris étaient installés dans l'île Marante, dans l'île de Bezons et sur le chemin de fer de Rouen. Le lendemain, le général de Beaufort complétait les opérations de l'ouest en dirigeant une reconnaissance sur Buzenval et les hauteurs de la Malmaison, en restant sur sa droite relié devant Bezons aux troupes du général de Liniers.

Le 29, au point du jour, les troupes de la 3e armée, aux ordres du général Vinoy, opéraient une sortie sur Thiais, l'Hay et Choisy-le-Roi, et le feu des forts était dirigé sur les divers points signalés comme servant au rassemblement des troupes de l'ennemi.

Des mouvements exécutés depuis deux jours avaient garni de forces imposantes la plaine d'Aubervilliers et réuni les trois corps de la 2e armée aux ordres du général Ducrot sur les bords de la Marne.

Le 30 novembre, au point du jour, des ponts préparés hors des vues de l'ennemi se trouvaient jetés sur la Marne, sous Nogent et Joinville, et les deux premiers corps de la 2e armée, conduits par les généraux Blanchard et Regnault, exécutaient rapidement avec toute leur artillerie le passage de la rivière. Ce mouvement avait été assuré par un feu soutenu d'artillerie partant des batteries de position établies sur la rive droite de la Marne à Nogent, au Perreux, à Joinville et dans la presqu'île de Saint-Maur.

A neuf heures, ces deux corps d'armée attaquaient le village de Champigny, le bois du Plant, et les premiers échelons du plateau de Villiers. A onze heures toutes les positions étaient prises, et les travaux de retranchement étaient déjà commencés par les troupes de seconde ligne, lorsque l'ennemi fit un vigoureux effort en avant, soutenu par de nouvelles batteries d'artillerie. A ce moment, nos pertes furent sensibles : devant Champigny, les pièces prussiennes, établies à Chennevières et à Cœuilly, refoulaient les colonnes du 1ᵉʳ corps, tandis que de nombreuses troupes d'infanterie, descendant des retranchements de Villiers, chargeaient les troupes du général Renault. Ce furent alors les énergiques efforts de l'artillerie, conduite par nos généraux Frébault et Boissonnet, qui permirent d'arrêter la marche offensive que prenait l'ennemi.

Grâce aux changements apportés dans l'armement de nos batteries, l'artillerie prussienne fut en partie démontée, et nos hommes, ramenés à la baïonnette par le général Ducrot, purent prendre définitivement possession des crêtes.

Pendant ces opérations, le 3ᵉ corps sous les ordres du général d'Exéa, s'était avancé dans la vallée de la Marne jusqu'à Neuilly-sur-Marne et Ville-Évrard. Des ponts avaient été jetés au Petit-Bry, et Bry-sur-Marne était attaqué et occupé par la division Bellemare. Son mouvement, retardé par le passage de la rivière, se prolongea au delà du village jusqu'aux pentes du plateau de Villiers, et les efforts de ses colonnes vinrent concourir à la prise de possession des crêtes opérée par le 2ᵉ corps en avant de Villiers. Le soir, nos feux de bivacs s'étendaient sur tous les coteaux de la rive gauche de la Marne, tandis que brillaient sur les pentes de Nogent et Fontenay les feux de nos troupes de réserve.

Ce même jour, 30 novembre, la division Susbielle, soutenue par une importante réserve des bataillons de la garde nationale, s'était portée en avant de Créteil, et avait enlevé à l'ennemi les positions de Mesly et Montmesly, qu'elle devait occuper jusqu'au soir. Cette diversion sur la droite des opérations de la deuxième armée était soutenue par de nouvelles sorties opérées sur la rive gauche de la Seine, vers Choisy-le-Roi et Thiais, par les troupes du général Vinoy.

XX

Au nord, l'amiral La Roncière, soutenu par l'artillerie de ses forts, avait occupé, dans la plaine d'Aubervilliers, Drancy et la ferme de Groslay ; de fortes colonnes ennemies avaient été ainsi attirées sur les bords du ruisseau la Morée, en arrière du pont Iblon. Vers deux heures, l'amiral traversa Saint-Denis, et, se portant de sa personne à la tête de nouvelles troupes, dirigeait l'attaque d'Épinay, que nos soldats, soutenus par des batteries de la presqu'île de Gennevilliers, ont pu occuper avec succès.

Le 1er décembre, il n'y eut que quelques combats de tirailleurs, au début de la journée, devant les positions de la deuxième armée, et le feu du plateau d'Avron continua à inquiéter les mouvements de l'ennemi à Chelles et à Gournay dans le mouvement de concentration considérable qu'il opérait, la nuit surtout, pour amener de nouvelles forces en arrière des positions de Cœuilly et de Villiers.

Le 2 décembre, avant le jour, les nouvelles forces ainsi rassemblées s'élancèrent sur les positions de l'armée du général Ducrot ; sur toute la ligne, l'attaque se produisit subitement et à l'improviste sur les avant-postes des trois corps d'armée de Champigny jusqu'à Bry-sur-Marne.

L'effort de l'ennemi échoua : soutenues par un ensemble d'artillerie considérable, nos troupes, malgré les pertes qu'elles avaient à subir, opposèrent la plus vive résistance. La lutte fut longue et terrible. Nos batteries arrêtèrent les colonnes prussiennes sur le plateau et dès onze heures les efforts de l'ennemi étaient entièrement vaincus. A quatre heures le feu cessait, et nous restions maîtres du terrain de la lutte. Le 3 décembre, sans que l'ennemi pût inquiéter notre retraite, aidés par le brouillard, 100,000 h. de la deuxième armée avaient de nouveau passé la Marne, laissant l'armée prussienne relever ses morts.

XXI

MONTRETOUT.

Les rapports des commandants de colonne sur la journée d'hier ne sont pas encore parvenus au gouverneur ; il croit cependant devoir donner dès à présent un aperçu général des opérations qui se sont accomplies le 19 janvier.

L'armée était partagée en trois colonnes principales, composées de troupes de ligne, de garde mobile et de garde nationale mobilisée incorporée dans les brigades.

Celle de gauche, sous les ordres du général Vinoy, devait enlever la redoute de Montretout, les maisons de Béarn, Pozzo di Borgo, Armengaud et Zimmermann.

Celle du centre, général de Bellemare, avait pour objectif la partie est du plateau de la Bergerie.

Celle de droite, commandée par le général Ducrot, devait opérer sur la partie ouest du parc de Buzenval, en même temps qu'elle devait attaquer Longboyau, pour se porter sur le haras Lupin.

Toutes les voies de communication ayant accès dans la presqu'île de Gennevilliers, y compris les chemins de fer, ont été employées pour la concentration de ces forces considérables, et comme l'attaque devait avoir lieu dès le matin, la droite, qui avait un chemin extrêmement long (12 kilomètres) à parcourir au milieu de la nuit, sur une voie ferrée *qui se trouva obstruée*, et sur une route qu'occupait une colonne d'artillerie *égarée*, ne put parvenir à son point de réunion qu'après l'attaque commencée à gauche et au centre.

Dès onze heures du matin, la redoute de Montretout et les maisons indiquées précédemment avaient été conquises sur l'ennemi, qui laissa entre nos mains 60 prisonniers.

Le général de Bellemare était parvenu sur la crête de la Bergerie, après s'être emparé de la maison dite du Curé ; mais en attendant que sa droite fût appuyée, il dut employer une partie de sa réserve pour se maintenir sur les positions dont il s'était emparé.

Pendant ce temps, la colonne du général Ducrot entrait en ligne. Sa droite, établie à Rueil, fut canonnée de l'autre côté de la Seine par des batteries formidables contre-battues par l'artillerie qu'elle avait à sa disposition et par le Mont-Valérien.

L'action s'engagea vivement sur la porte de Longboyau où elle rencontra une résistance acharnée en arrière de murs et de maisons crénelées qui bordent le parc. Plusieurs fois de suite, le général Ducrot ramena à l'attaque les troupes de ligne et la garde nationale, sans pouvoir gagner du terrain de ce côté.

Vers quatre heures, un retour offensif de l'ennemi entre le centre et la gauche de nos positions, exécuté avec une violence extrême, fit reculer nos troupes, qui cependant se reportèrent en avant vers la fin de la journée. La crête fut encore une fois reconquise, mais la nuit arrivait, et l'impossibilité d'amener de l'artillerie, *pour constituer un établissement solide sur des terrains défoncés*, arrêta nos efforts.

Dans cette situation, il devenait dangereux d'attendre, sur ces positions si chèrement acquises, une attaque de l'ennemi qui, amenant des forces de toutes parts, ne devait pas manquer de se produire dès le lendemain matin. Les troupes étaient harassées par douze heures de combat et par les marches des nuits précédentes employées à dérober le mouvement de concentration, on se retira alors en arrière, dans les tranchées, entre les maisons Crochard et le Mont-Valérien.

Nos pertes sont sérieuses; mais, d'après le récit des prisonniers prussiens, l'ennemi en a subi de considérables. Il ne pouvait en être autrement après une lutte acharnée qui, commencée au point du jour, n'était pas encore terminée à la nuit close.

C'est la première fois que l'on a pu voir, réunis sur un même champ de bataille, en rase campagne, des groupes de citoyens unis à des troupes de ligne, marchant contre un ennemi retranché dans des positions aussi difficiles ; la garde nationale de Paris partage avec l'armée l'honneur de les avoir abordées avec courage, au prix de sacrifices dont le pays leur sera profondément reconnaissant.

Si la bataille du 19 janvier n'a pas donné les résultats que Paris en pouvait attendre elle est l'un des événements les plus considérables du siége, l'un de ceux qui témoignent le plus hautement de la virilité des défenseurs de la capitale.

NOTES

Note I (page 1).

L'auteur demande pardon au lecteur de l'arrêter dès la première ligne, et pour faire accepter des notes que l'on pourrait juger peu nécessaires dans un ouvrage de ce genre, il les dédie à ses amis.

C'est réclamer en même temps le droit de les rédiger de la façon la plus simple et la plus rapide, ou pour mieux dire, de ne pas les rédiger du tout.

Nous sommes entre amis.

J'ai dit qu'en racontant les faits et gestes du bataillon de Provins je n'avais point la prétention d'écrire un livre.

Expliquons-nous.

Un livre, c'est la réalisation complète d'une pensée.

Écrire un livre, c'est faire œuvre d'artiste et de créateur.

Quand un auteur, ayant choisi lui-même son sujet, en a tiré le meilleur parti possible; quand il a mis dans son ouvrage beaucoup de son esprit et beaucoup de son cœur, que d'ailleurs le style est toujours au niveau de l'idée, l'auteur peut dire qu'il a fait un livre.

Si le style est faible ou mauvais, il n'a fait qu'un bouquin.

Les livres sont rares; et je n'ai pas eu l'intention d'en augmenter le nombre en entreprenant cet ouvrage-ci.

Il est vrai qu'en assistant en qualité de garde mobile au siége de Paris, ce douloureux drame dont nous avons été des acteurs, je m'étais promis *d'essayer d'écrire un livre.* Mes camarades d'escouade : Dodillon, Leclerc, Driot, Michenon, Genty, Roche, Hubert, Rivel, Couénon, le grand Lôze, dix autres le savent. Ce livre, qui paraîtra peut-être plus tard, devait s'intituler simplement : *Récit d'un garde mobile.* Mais cette intention s'est trouvée tout-à-coup modifiée lorsque le 29 janvier, au moment où nous rentrions à Paris, le commandant Arnoul, sur la demande du lieutenant-colonel de Courcy, me proposa comme sujet les aventures du bataillon de Provins.

Ce n'était donc plus un roman historique ou bien un récit d'impressions personnelles que j'avais à faire; c'était, je le compris tout de suite, un simple compte-rendu. Naturellement, on ne me traçait pas de programme; on me laissait toute liberté quant à la manière de traiter mon sujet. Il n'en était pas moins vrai que j'avais à congédier au plus vite la fantaisie et l'imagination, *ces folles du logis.* Ah! ces folles, chassez-les par la porte, elles tentent de rentrer par la fenêtre, et c'est encore tant mieux quand elles ne réussissent qu'à montrer le bout de leur nez. J'aurais dû songer à cela! Enfin, n'importe! flatté de la bienveillante attention que l'on m'accordait, j'acceptai.

Maintenant, c'est fait. Voici cet ouvrage qui, bien qu'il ne représente guère que huit ou dix semaines d'un travail régulier, est demeuré plus de huit mois sur le métier où je prenais parfois plaisir à l'oublier des semaines entières. Est-il bon? Est-il mauvais? Je ne sais. Ce que je sais bien, par exemple, c'est que je me suis acquitté de ma tâche comme on s'acquitte d'une besogne pour laquelle on ne se sent pas une complète aptitude, mais à laquelle on veut cependant apporter beaucoup de soin chaque fois que l'on s'y met. Ce que je sais bien encore, c'est qu'il est mon ouvrage, à moi, que je ne me suis inspiré du jugement ni des idées de personne, que je l'ai écrit librement et franchement, et que seul j'en suis responsable. Je dois cependant — et cela sous peine d'être ingrat — remercier le commandant Arnoul, le sergent Alfred Picard et l'adjudant Bridou des notes, renseignements et documents qu'ils ont bien voulu me procurer. Ces notes, ces renseignements et ces documents, s'ajoutant à mes notes et à mes souvenirs m'ont permis de faire un travail que je considérerais comme complet, n'étaient les défauts qui me frappent au moment où je vais le livrer au public. Ici, c'est une page qu'il aurait fallu condenser en quelques lignes ; là, c'est une omission dont l'auteur se reconnaît coupable ; plus loin, un mot oublié par le typographe. Et les fautes d'impression, ces fautes que l'on retrouve jusque dans le livre le mieux imprimé ? A la dernière heure, tous ces détails vous choquent et vous font mal. A quoi bon s'en effrayer cependant ? Ce n'est pas à ces bagatelles que la critique s'amuse. Ce qu'elle a le droit de discuter, c'est le style, c'est la forme ; ce sont les opinions ; et sur ces deux points, j'ai bien peur d'être critiqué. Soit ; je serai critiqué. J'abandonne volontiers la défense de mon style ; et, quant à mes opinions, mes amis savent qu'elles sont aujourd'hui ce que depuis que j'ai l'âge d'homme elles ont toujours été.

En voici pour preuve une pièce de vers écrite au lendemain de la déclaration de la guerre, et pour qu'il me soit pardonné de la citer ici, je fais comme pour mes notes, je l'offre à mes amis :

XXVII

TRISTESSE.

O terre, du ciel inclément
Tu te plaignais, chère nourrice !
Tu criais au ciel, ton amant :
« Un nuage, et que je guérisse ! »

Et tu te voyais refuser,
Craignant d'être à jamais aride,
Quelques larmes pour apaiser
Les feux de ta fièvre torride.

O terre ! et tu te désolais ;
Et, toute en proie aux soifs ardentes,
Du mal affreux dont tu brûlais
Mouraient les moissons abondantes.

Redressez-vous, épis courbés,
Brillants comme l'or et la gloire !
O terre, qu'ils couvraient tombés,
Sois satisfaite, tu vas boire !

Deux hommes — si c'est bien le nom
Qui sied aux porteurs de couronnes —
Amoureux du bruit du canon
Moins terrible que leurs personnes,

Deux hommes se sont défiés,
Et vont en vidant leur querelle
Calmer sous nos yeux effrayés
Les tourments de ta soif cruelle.

Tu boiras, terre, ils se battront.
Leurs combats seront tes agapes ;
Et le vin qu'ils te verseront
Sera pareil au sang des grappes.

Nous, les simples mortels, tes fils,
Nous qu'il appellent peuple ou plèbe,
Comme on regarde un crucifix
Nous pourrons contempler ta glèbe.

XXVIII

Nous pourrons, d'un œil douloureux
Et désolé comme une plainte,
Suivre le nectar généreux
Qui rougira ta robe sainte,

Ta robe de beaux gazons verts,
De seigles blancs, de blondes orges,
Où nichent, faisant leurs concerts,
Les pinsons et les rouges-gorges.

Nous pourrons déplorer qu'un jour,
Pour que ta soif fût assouvie,
On t'ait, comme un philtre d'amour,
Versé tant de force et de vie.

Car, vois-tu, mère, vois-tu bien,
Buveuse dont le ciel essuie
De son zéphyr aérien
Les flancs ouverts à toute pluie,

Les destins sont malencontreux
Et misérables pour la foule :
Lorsque les rois luttent entre eux,
C'est le sang des peuples qui coule !

Le lendemain du jour où cette pièce fut écrite, j'en écrivais une autre intitulée : *Colère*, puis d'autres encore ; et pendant la campagne, il m'est souvent arrivé de jeter sur les feuillets de mon carnet les vers plus ou moins bien rythmés que cette guerre m'inspirait. Mes camarades d'escouade s'en souviennent, eux qui me les faisaient réciter quelquefois sous la tente ou près du feu du bivouac. Plusieurs de ces improvisations ont même paru dans les journaux. Il en est une : *Jacques le Laboureur* (1814), écrite avant l'invasion, et publiée alors dans les feuilles de Seine-et-Marne, qui courait grandement la chance d'être dite sur la première de nos scènes parisiennes

XXIX

lorsque l'armistice arriva. Aujourd'hui, quelques amis bienveillants me demandent de publier ces pièces à la fin de ce volume. Ce n'est pas le lieu, je crois. Elles seront publiées, mais un peu plus tard dans un volume de poésies où je les réunirai sous le titre de Carnet d'un garde mobile. En attendant, je remercie mes aimables correspondants de leur bienveillance, et je mets fin à cette première note déjà trop longue pour laisser au lecteur qui m'a suivi jusqu'ici le loisir de lire le récit des faits et gestes du bataillon de Provins, ce long récit qui, je le répète encore, n'est pas du tout un livre.

Note II (page 15).

Ce chapitre date du mois d'août 1871, c'est-à-dire longtemps avant que parut au *Journal officiel* le résultat de l'enquête sur les capitulations. Cette enquête n'ayant pas modifié d'une manière sensible l'opinion de l'auteur en ce qui concerne la défense de ces quatre villes, et son admiration, au contraire, n'ayant fait que grandir pour Phalsbourg et Bitche, il n'a pas jugé nécessaire de modifier ce passage.

Note III (page 38).

Cette sorte de quarantaine aux abords de Paris pourrait s'expliquer par la nécessité où se trouvaient les commandants de demander à l'avance à la municipalité de Paris les billets de logements dont on avait besoin dans un temps où les gardes mobiles arrivaient chaque jour de la province par milliers.

Note IV (page 50).

Il nous paraît inutile de démontrer que la moyenne des illettrés dans la garde mobile était de beaucoup inférieure à celle des illettrés dans l'armée régulière ; et tout aussi peu nécessaire de dire que dans la mobile de Seine-et-Marne, les illettrés ne représentaient qu'une très-infime minorité.

Un capitaine nous disait dernièrement qu'en mettant de côté les connaissances militaires qui manquaient à tout le monde on aurait pu trouver dans chaque compagnie du bataillon de Provins de quoi faire quatre ou cinq lieutenants ou sous-lieutenants, une dizaine de sergents et plus de vingt caporaux. Ce capitaine avait raison.

Note V (page 78).

L'auteur se trouvait justement à Paris, dans l'après-midi du 31 octobre pour affaire de service. Comme il passait entre une et deux heures, dans la rue de Rivoli, montant vers la Bastille, il vit des groupes se former sur la place de l'Hôtel-de-Ville. A son retour, deux heures après, la foule avait grossi de façon à intercepter la circulation des voitures. L'auteur descendit d'un omnibus sur lequel il était monté pour regagner à pied la porte de Neuilly avant que le pont-levis ne fût levé ; et, jouant des coudes, traversa la foule. Voyant que des voix nombreuses criaient : Vive la Commune ! il interpella vivement un de ceux qui criaient. C'était un capitaine à la physionomie très-douce et très-intelligente. « Mon ami, lui répondit celui-ci, nous n'en voulons pas au gouvernement ; seulement cela ne marche pas, et nous voulons que cela marche ! »

Note VI (page 85).

C'est ici que je vais réparer la grave omission que j'ai commise. J'ai dit que le capitaine de la 6e compagnie avait été nommé commandant du bataillon ; et, chose qui semble incroyable, j'oublie de dire que le lieutenant Jacquot, notre officier de détail, fut nommé capitaine à sa place. La faute est d'autant plus grave que le lieutenant Jacquot était un de nos officiers les plus distingués.

Je profite de l'occasion pour rappeler que le soir de ce 19 novembre, une fête fut donnée par notre colonel en l'honneur de toutes les nouvelles promotions. Fête très-gaie. Du Champagne, des musiciens, de la danse, mais naturellement pas de femmes. Tous les officiers du régiment étaient là.

Or, à cette fête à laquelle un certain nombre de gardes mobiles prirent part en qualité d'instrumentistes et de choristes, un observateur attentif aurait pu remarquer un homme de petite taille, à la figure soigneusement rasée, portant comme tous les bourgeois à cette époque le pantalon et le képi de garde national.

Il se tenait assis et causait. On se demandait qui c'était.

Ce petit bourgeois à la physionomie honnête, c'était tout simplement un des plus illustres écrivains de ce siècle, l'auteur admirable de la plus remarquable de nos histoires de la Révolution, c'était Louis Blanc.

Note VII (page 87).

Entre autres chœurs chantés par la société musicale, il en était un intitulé : *En chasse!* C'était une de ces improvisations qui composeront le *Carnet d'un garde mobile*. Elle avait été écrite un soir ; le lieutenant Vuaroquau m'avait chanté l'air, et tandis qu'il notait la musique, j'écrivais les paroles. Je ne parlerais point ici de cette pièce, si ce n'était une de celles qui m'ont été le plus souvent demandées.

Note VIII (p. 95.)

Cette canonnade était celle d'un combat qui se livrait sous les ordres du général Vinoy. Deux attaques avaient été faites : l'une, sur la Gare-aux-Bœufs, l'autre sur l'Hay. Dans le plan général de cette grande sortie de Champigny, ces deux attaques n'étaient comptées que pour des attaques de diversion. On se demande dès lors comment il se fait que ce combat s'engagea quand l'attaque principale était manquée, au moins pour ce jour-là.

Non-seulement l'ennemi devait après cela se tenir sur ses gardes, mais nos pertes dans cette affaire du 29 furent sensibles. Parmi les officiers, victimes de leur courage en ce jour, on signala le chef de bataillon de Réals, des mobiles du Finistère, qui fut blessé ; le commandant Christiani de Ravaran du 110e de ligne qui fut tué, et son lieutenant-colonel, M. Mimerel, qui fut atteint grièvement.

Note IX (p. 106).

Il y avait exagération en ce sens que si les pentes nous appartenaient, le plateau de Villiers était encore au pouvoir des Prussiens. Pour les canons pris à l'ennemi, la nouvelle était vraie.

Note X (p. 130).

Nous avons dit tout-à-l'heure que dans la matinée du 3, quatre compagnies du bataillon étaient réunies dans le parc. Il paraîtrait que nous nous sommes trompés. On nous dit que la 1re compagnie occupa seule le parc jusque vers deux heures, moment où les trois autres vinrent la retrouver. C'est possible.

En tous cas, s'il y a une erreur ici, l'erreur est assez insignifiante pour qu'un lecteur puisse l'excuser.

Note XI (p. 141).

Lui cinquième et dernier, disons-nous. C'est que cinq permissions seulement étaient données chaque jour par chaque capitaine. Aussi, ne manqua-t-il pas d'arriver que certains gardes mobiles, frondant la consigne, s'en allèrent à Paris sans permission. On n'entrait pas à Paris facilement; mais on est tellement ingénieux pour mal faire! Il y aurait tout un chapitre à faire sur les ruses employées en ces occasions. A son retour, le garde mobile en faute était mis à la salle de police; et voilà ce que rapportent les plus jolis stratagèmes et les plus charmantes escapades.

Note XII (p. 142).

Ce galon rouge qui donnait au simple garde mobile l'air d'être quelque chose comme une moitié de caporal, l'auteur le portait lorsqu'il osa, lui, chétif, se présenter chez le plus illustre et le plus grand des poëtes du xixe siècle et de tous les siècles qui l'ont précédé. Avec quelle grâce, avec quelle indulgence le porteur de galon rouge fut accueilli, encouragé, félicité, n'est pas chose facile à dire. Le grand poëte eut même un compliment pour le galon du franc-tireur. Le malheur voulut que le nombre des francs-tireurs fût réduit et que le franc-tireur redevînt moblot comme devant. Il l'a parfois regretté.

Note XIII (page 183).

Le fantaisiste, poursuivant sa comparaison, n'eut rien de plus pressé, se sentant en veine de poésie, que de griffonner sur son agenda les vers suivants :

XXXIV

LA COMMUNION.

Le ciel lumineux voilé d'ombre,
Comme un dôme prodigieux,
Repose, souriant et sombre,
Sur les côteaux silencieux.

La plaine blanche qui scintille
Sous un rare et pâle rayon
A pris, pudique jeune fille,
Son voile de communion.

Silence, mon âme, et contemple !
Grave et calme en sa majesté,
C'est la nature, c'est le temple
Où règne la Divinité.

Et maintenant, hurle, bataille !
Venez, hommes ! venez, démons !
Frappez d'estoc, frappez de taille
Au fond du val et sur les monts !

Et que, sinistres et joyeuses,
Aux voix des canons se mêlant,
Les décharges des mitrailleuses
Aillent sifflant et mutilant !..

C'est bien ! la bataille est finie ;
Glace ou neige, tout est souillé ;
On entend des cris d'agonie,
Et la terre a communié.

Coïncidence bizarre ! à peine le dernier vers était-il écrit que le premier obus tomba.

NOTE XIV (p. 214).

L'auteur est de ceux qui croient que l'Assemblée nationale n'aurait dû quitter Bordeaux que pour venir siéger à Paris. Il ne se flatte pas d'être un fin politique ; mais lorsqu'il apprit le vote du 10 mars, il ne put s'empêcher de s'écrier : « L'assemblée nationale s'installe le 19 à Versailles ; on tirera ce jour-là des coups de fusil dans Paris. » Beaucoup d'autres personnes pensèrent et dirent comme lui. Les coups de fusils furent tirés le 18.

Venir à Paris, c'était ranger et retenir autour de soi toute cette population bourgeoise que l'on vit se réfugier en province dès les premières heures de désordres ; c'était aussi rendre hommage à la malheureuse capitale, et par cela même apaiser bien des ressentiments et désarmer bien des haines. Il y aurait eu quelque chose assurément, mais l'insurrection, étouffée dans son germe, n'eût été qu'une émeute. Telle est mon opinion, et je la soumets très-humblement à l'appréciation de mes lecteurs.

Note XV (p. 217).

Je ne m'occuperai pas ici des officiers, ne sachant au juste quelles propositions furent faites pour la croix.

Je donnerai seulement l'état nominatif des hommes qui furent proposés pour la médaille militaire au lendemain de Montretout.

Voici cette liste par ordre de mérite :

Dufresne Léon, sergent à la 1re compagnie.
Lebœuf Emile, sergent à la 6e.
Taroux Désiré-Louis, garde à la 2e.
Denisot Alexandre, caporal à la 3e.
Mareschal Oscar-Amédée, sergent à la 4e.
Billy Victor, sergent-major à la 5e.
Jarry Auguste, garde à la 5e.
Navier Emile, sergent à la 6^e
Guérard Honoré, garde à la 6e.

François Alexandre, garde à la 7e.
Roger Louis, sergent-fourrier à la 8e.
Vinat Louis-Paul, caporal à la 5e.
Dodillon Emile, caporal à la 1re.
Balâtre Alfred, sergent à la 2e.
Bouron Isidore, garde à la 8e.

Les hommes dont je viens de citer les noms n'étaient pas les seuls braves du bataillon — il y en avait heureusement bien d'autres — mais tous pouvaient compter parmi les plus braves.

Sur un autre état de propositions, le sergent-major Boudier, de la 3e compagnie, et le garde Guillaume, de la 6e, tous deux excellents soldats, furent portés en première ligne à cause des blessures qu'ils avaient reçues.

Voilà, lecteurs amis, si je suis bien renseigné, les noms des hommes qui furent proposés pour la médaille militaire. Sans doute on ne pouvait les décorer tous ; mais regardez un peu la liste des récompenses.

XVI (III Appendice).

Publier une liste complète de tous ceux qui remplirent un grade dans le bataillon était impossible. Il me fallait adopter une date. J'ai trouvé celle du 12 décembre excellente. Ce n'est en effet ni le commencement ni la fin de la campagne ; et j'ai pensé qu'en la choisissant il y aurait peu d'oubliés.

Et maintenant, adieu, lecteurs ; soyez indulgents.

FIN.

ERRATA

Voici la liste des quelques fautes typographiques qu'une lecture faite à la dernière heure nous permet de relever :

Page 7, ligne 6. Au lieu de *militaires*, lisez *militaire*.
— 31, — 19. Au lieu de *écráserait*, lisez *écraserait*.
— 36, — 19. Au lieu de *semblaient*, lisez *semblait*.
— 44, — 20. Après *leurs costumes*, supprimez la virgule.
— 110, — 10. Au lieu de *cotés*, lisez *côtés*.
— 119, — 19. Au lieu de *bifteackts*, lisez *bifteacks*.
— 122, — 17. Mot passé. Il faut lire *et des Prussiens*.
— 188, — 17. Au lieu de *reverbères*, lisez *réverbères*.
— 232, — 9. Au lieu de *l'ac-en-ciel*, lisez *l'arc-en-ciel*.
— 263, — 4. Au lieu de *obstinions*, lisez *obstinons*.
— 274, — 5. Après *très-beaux*, mettre une virgule.

COULOMMIERS. — TYP. A. MOUSSIN.

DU MÊME AUTEUR :

Ma première Gerbe, poésies d'un paysan, 1 volume in-18 1867.. (*Épuisé*).
Petites Pages poétiques, 1 volume in-18, 1868...   2 »
Le même ouvrage, papier de Hollande............   3 50
Marguerite Landry, 1814, épisode de l'invasion, drame en un acte, en vers, 1869..............   1 »

Coulommiers. — Typ A. MOUSSIN

www.ingramcontent.com/pod-product-compliance
Lightning Source LLC
Chambersburg PA
CBHW071328150426
43191CB00007B/657